飲食店のための

ハラル対策ハンドブック

レシピ30付

一般社団法人 ハラル・ジャパン協会 著
レシピ提供＝東京ハラルデリ＆カフェ

halal

柴田書店

「ハラル」がビジネスになる!

　「ハラル」という言葉をご存じですか？　最近では新聞やテレビなどのメディアで取り上げられたり、飲食店の店頭にマークが掲示されていたりすることも多いので、なんとなく聞いたことがある方もいらっしゃることでしょう。外食業界や宿泊業界の方ならば、なおさら耳にすることが多いのではないでしょうか。

　ハラルとはムスリム（イスラム教徒）にとって「(神に)許されている」という意味なのですが、それがいま、大きなビジネスチャンスになろうとしているのです。

　ムスリムは、全世界に16億人が暮らしているといわれています。彼らは『コーラン』をはじめとするイスラム法にのっとって生活していて、ご存じのとおり、豚肉を食べてはいけない、アルコールを飲んではいけないといった戒律が存在します。

　そのムスリムの訪日観光客が、近年増加傾向にあります。彼らにとって、日本は非常に魅力的な観光地なのでしょう。しかし、そこで問題になるのが食事です。彼らの大多数は日本語が読めないので、飲食店のメニュー表や小売店で販売している食品の原材料欄に載っている「豚肉」「ポーク」「アルコール」といった言葉が、なにを指しているのか理解できません。結果として、せっかく日本を訪れたにもかかわらず、これまで日本での食事を安心して楽しむことができないケースが多かったのです。

　そうした問題を解決するのが、「ハラル認証」をはじめとする制度や、「ムスリムフレンドリー」といった考え方です。こうした対応をすることによって、彼らが安心して日本で食事を楽しむことができると同時に、飲食店は訪日ムスリムの需要を取り込むことが可能になる。ここにビジネスチャンスがあるわけです。

　この本では、第1章でハラルとはなにかを解説し、第2章でハラルビジネスの可能性について探っていきます。第3章では厨房と食材にスポットをあて、第4章ではハラル対応レストランの協力を得て、ハラルのレシピを紹介しているので、おおいに役立ててください。

　ハラルという言葉は聞いたことがあるけれど、その実態はよく理解していなかった。あるいは、ハラルビジネスをはじめたいが、具体的になにをしたらいいのかわからない──。そういった外食や宿泊業界の方、飲食店のオーナーさん、料理人の皆さんに、この本をつうじてハラルのことをよく理解していただき、ビジネスに役立てていただければ幸いです。

一般社団法人ハラル・ジャパン協会
代表理事　佐久間 朋宏

contents

「ハラル」がビジネスになる！ ……………………………………… 002

第1章 ハラルとはなにか

イスラム教とムスリムを知ろう ……………………………… 010
「ハラル」と「ハラム」の違いとは ………………………… 012
「ハラム」の食品って、どんなもの？ ……………………… 014
気をつけたい「豚由来」の食品 ……………………………… 016
こんなにあった！「豚由来」の食品 ………………………… 018
「アルコール禁止」にどう対応する？ ……………………… 020
料理に使うアルコールに要注意！ …………………………… 022
豚以外の動物は食べられる？ ………………………………… 024
まとめ …………………………………………………………… 026

第2章 ハラルビジネスの勝機

2020年には4人に1人がムスリムに ………………………… 030
訪日ムスリムが増えている！ ………………………………… 032
「ハラル認証制度」とはどんなもの？ ……………………… 034
「ハラル認証」は取得したほうがいい？ …………………… 036
「ムスリムフレンドリー」ってなんのこと？ ……………… 038

情報開示がなにより大事！ ……………………………… 040
「おもてなしの心」を忘れずに ……………………………… 042
ムスリムが好む日本食とは ……………………………… 044
ハラルレストランが成功するには？ ……………………………… 046
まとめ ……………………………… 048

第3章　厨房 & 食材のポイント

理想のハラル対応キッチンとは ……………………………… 052
厨房設備と「ハラルレベル」の関係は？ ……………………………… 054
バラエティ豊かなハラル食材 ……………………………… 056
ハラル製品の一例 ……………………………… 058
ハラル対応／非対応の食品一覧 ……………………………… 060
まとめ ……………………………… 062

ハラルQ&A　PART 1 ……………………………… 028
　　　　　　　PART 2 ……………………………… 050
　　　　　　　PART 3 ……………………………… 064

contents

 第4章　使える！ハラルレシピ

和食

牛丼 …………………………………………………… 066
五目野菜の炊合せ …………………………………… 068
仔羊の角煮仕立て …………………………………… 070
牛肉の冷しゃぶ ……………………………………… 072
親子丼 ………………………………………………… 074
鶏の唐揚げ …………………………………………… 076
鯖の味噌煮 …………………………………………… 078
カリフォルニア巻き、海老ツナ巻き ……………… 080
肉じゃが ……………………………………………… 082
牛肉と野菜の醤油風味炒め ………………………… 084
金平牛蒡 ……………………………………………… 086

洋食

チキンハンバーグ …………………………………… 088
チキンカツレツ ……………………………………… 090
チキンのミートソーススパゲッティ ……………… 092
ビーフカレー ………………………………………… 094
ラムのロールキャベツ ……………………………… 096
スパゲッティ ボンゴレ・ビアンコ ………………… 098
ビーフシチュー ……………………………………… 100
ナン生地のビスマルク ……………………………… 102
エビとマッシュルームのアヒージョ ……………… 104

中　華

鶏肉餃子	106
仔羊肉の回鍋肉	108
鶏肉の麻婆豆腐	110
鰯餃子	112
仔羊肉の水餃子	114
鶏肉焼きそば	116
仔羊炒飯	118

デザート

フルーツコンポート	120
イチゴのムース仕立て	122
ナン生地のフォカッチャ	124

ハラルビジネスの「開けゴマに！」——あとがき	126
著者紹介	127

STAFF

Designer	上岡　隆（PROP Co.,Ltd.）
Writer（第4章）	栗田 利之
Photographer	渡辺 伸雄
Illustrator	瀬川 尚志
Editor	石田 哲大

halal

第 1 章

ハラルとはなにか

「ハラル」という概念と、その意味するところをおおまかに理解してもらうのが、本章のテーマです。飲食店を運営するにあたって欠かせない要点に絞って、ハラルの考え方を解説します。

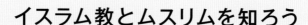

イスラム教とムスリムを知ろう

　「ハラル」とはなにかを解説する前に、イスラム教とムスリム（イスラム教徒）について簡単にふれておきましょう。
　イスラム教は、ユダヤ教やキリスト教の流れをくみ、唯一絶対の神＝アッラーを信仰する一神教です。7世紀初頭に、預言者であるムハンマドがメッカ郊外で天使ガブリエルよりアッラーの啓示を受けたのがそのはじまりとされており、現在、世界中に16億人の信者がいるといわれています。
　イスラム教の経典である『コーラン』は、ムハンマドが預言者としてアッラーの声を書き起こしたものです。コーランには、ムスリムが守らなければならない教えが書かれており、これらを「六信五行」（右ページ参照）といいます。
　近年はイスラム過激派と呼ばれる人たちによるテロ事件などが起きて、残念なことにイスラム教徒のことを「怖い人たち」と思っている方もいるようですが、それはまったくの誤解です。
　「イスラム」とは、もともとアラビア語で「平和、従順、服従」といった意味の言葉で、そこから「唯一の神＝アッラーに服従すること」を指すようになりました。イスラム教やムスリムに対する偏見を捨て、正しく理解することが、ハラルビジネスをはじめるうえでの大前提となることは、いうまでもありません。

六信五行

六　信（信仰箇条）	
1 アッラー	アッラー以外には神はいない
2 諸天使	天使（マラーイカ）たちが、アッラーの命令の下で働きを行うことを信じる
3 諸経典	すべての啓示・経典を信じ、コーランが最後の経典であることを信じる
4 諸預言者	すべての預言者を認める（モーセ、イエス、ムハンマドなど）
5 来世	復活の日、死後の生命を信じる
6 天命	アッラーの定め（天命）を信じる

五　行	
1 信仰の告白（カリマ）	「アッラーのほかには神はなし、ムハンマドはアッラーの使徒なり」と唱え、信仰告白する
2 礼拝（サラート）	1日に5回、メッカの方向に礼拝をする
3 喜捨（ザカート）	貧者に対する施しをする
4 断食（サウム）	イスラム暦の九月（ラマダーン）には、夜明けから日没までは飲食をしない
5 巡礼（ハッジ）	一生に一度は、メッカ巡礼を果たす

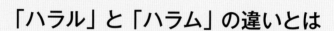

「ハラル」と「ハラム」の違いとは

　ムスリムは、「シャリーア」と呼ばれる判断基準＝イスラム法にのっとって生活しなければなりません。シャリーアには、経典であるコーランのほか、預言者ムハンマドの言行録である「ハディース」、それに宗教指導者協議会の見解などが含まれます。
　そのなかで許されている行動、考え方、食べものなどが「ハラル（HALAL）」（現地の発音に近い「ハラール」と表記する場合もありますが、本書では日本でより一般的な「ハラル」の表記を用います）、許されていないものが「ハラム（HALAM）」というわけです。

ハラル（HALAL）＝許されているもの
ハラム（HALAM）＝許されていないもの

　それでは、ムスリムにとってどんなことがハラル、つまり許されているのでしょうか？

　その答えは、簡単にいえば、「ハラム以外のもの」ということになります。
　そこで、14ページではハラム＝許されていないものを食品に限って挙げていきます。

シャリーア（イスラムの教え・イスラム法）

1. コーラン
（神＝アッラーの教えの記録）

2. ハディース
（預言者ムハンマドの言行録）

3. 宗教指導者協議会の見解

第1章 ハラルとはなにか

「ハラム」の食品って、どんなもの？

　以下に挙げるのが、「ハラム」とされるものです。

①豚や犬由来のものすべて
②①以外の動物で、イスラム法にのっとった食肉処理をされていないもの
③トラ、熊、象、ネコなど、長く鋭い牙をもつ動物
④猛禽類など、かぎ爪のある鳥
⑤ネズミやゴキブリなど、病原菌をもつ生きもの
⑥ハエやシラミなど嫌悪感を抱かせる生きもの
⑦ワニやカメ、カエルなどの水陸両生の生物
⑧汚染された水など不浄（ナジス）な場所に生息する魚
⑨アルコール

　などとなっています。
　このうち、飲食店でもっとも注意すべきなのが、①と⑨ということになりますので、のちほど詳しく解説します。
　一方でハラルとされるものは、上で挙げたもの以外ということですから、畑で生産された野菜や果物、コメや小麦といった穀物類、それから魚介類についても基本的にはハラルと考えていいでしょう。

ハラムの食品とハラルの食品

ハラムの食品

※味噌、醤油は、自然発酵のものならばハラルになる

ハラルの食品

気をつけたい「豚由来」の食品

　ムスリムが豚肉を食べないということは、広く知られていますが、厳密にいうと、「豚由来」のものを口にしないということになります。
　この豚由来というのが非常に厄介で、私たちがふだんなにげなく口にしている食品が、豚から生成されているというケースが意外と多いのです。
　以下に注意すべき食品を挙げていきます。
　まずは、ベーコンやハムといった豚肉の加工品。これらは当然NGになります。血液や内臓を使用するソーセージもハラムです。
　つぎにわかりにくいのが、豚の脂肪由来の食品です。
　ラードやショートニングといった食用油はもちろん、それらを使用した食品や、そこから派生した食品もハラムの対象になります。たとえば、ラードは、マーガリンや乳化剤、レトルトのカレー、スープの素、調味料などに幅広く使われています。ビスケットやクッキーなどの市販の菓子にはショートニングが使われていることが多いので、注意が必要です。
　なお、乳化剤は市販のアイスクリームや菓子類に使用されるだけでなく、飲食店の厨房でも使うことが多い材料です。乳化剤には大豆など植物由来のものも存在するので、使用する場合はかならずその乳化剤がなにに由来するのかをチェックし、判断がつかない場合は、使用を避けるようにしましょう。
　ほかには、豚の皮に由来するもの。たとえば、ゼラチンです。ゼラチンは、アイスクリームやゼリー、ババロワ、マシュマロといった菓子類には欠かせない素材ですが、当然使用することはできません。

ゼラチンを使用できないと、飲食店でデザートやケーキを提供するときに苦労することになると思います。ゼラチンの代わりに、寒天やくず粉、アガーなどほかの凝固剤を使用することをおすすめしますが、その際もそれらの凝固剤がなにを原料としているのかを、かならず確認するようにしてください。

　なお、豚の皮からはコラーゲンという物質がつくられ、健康食品や化粧品に使用されているのは、みなさんもご存じのとおりです。こうした食品や化粧品も、ムスリムにとってはNGであることを覚えておいてください。

　ちなみに、ムスリムが豚を食べないのは、それがコーランにおいて「ハラム」とされているからです。なぜハラムなのかは、明記されていませんが、一説によれば、豚肉はほかの動物と違って生食することができないなど、健康を害しやすいから禁止したのではないかともいわれています。

こんなにあった！「豚由来」の食品

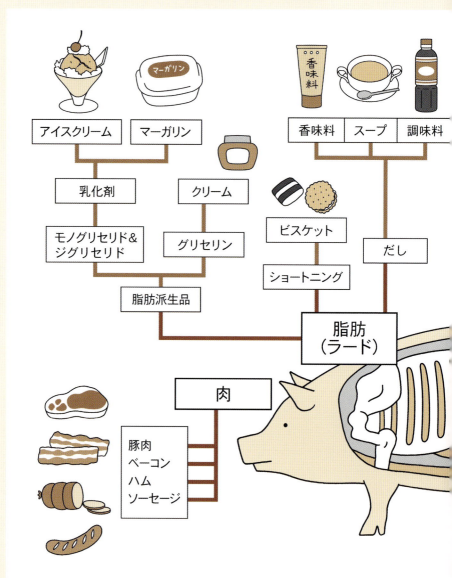

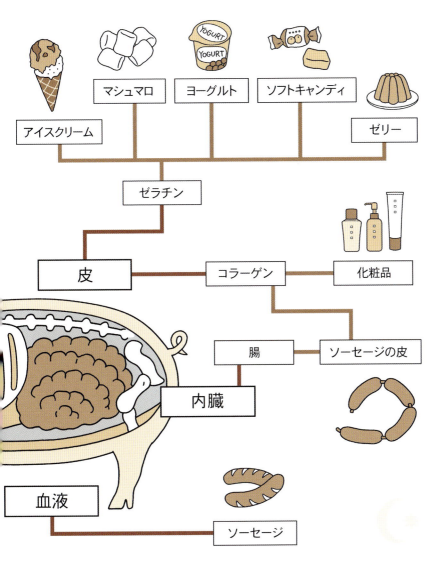

※Halal Industry Development Corporation の資料をもとに作成

「アルコール禁止」にどう対応する？

　飲食店がハラルに対応しようとする際に、豚のつぎに問題になるのが、アルコール類を提供することができない、あるいは料理に使えないということでしょう。

　ムスリムは、ビール、ワイン、ウイスキー、日本酒、焼酎など、いっさいのアルコールを口にすることはありません。

　なお、近年はビールメーカー各社が「ノンアルコールビール」を販売し、ドライバーなどに向けて提供している飲食店も多いようです。しかし、ノンアルコールビールといっても、ごく微量のアルコールが含まれていますから、ムスリムは口にすることができません。

　ちなみに、ムスリムのなかには他人がお酒を飲んでいるのを見るだけでも抵抗があるという人もいるようです。ですから、そうした人に配慮するのであれば、店にいっさいのアルコールをおかないということになりますが、現実問題として飲食店がアルコールを販売せずに売上げと利益を確保していくのは、とてもむずかしいことです。

　そのあたりの判断は、それぞれの店の業種や業態、利益構造を考慮したうえで、慎重に行う必要があり、第2章で再度説明します。

アルコール類はすべてハラム

料理に使うアルコールに要注意！

　アルコールで問題なのは、料理にアルコールを使用しているケースです。ムスリムは、アルコール飲料を口にすることのみならず、アルコール成分を口のなかに入れること自体が禁止されています。

　ですから、たとえば西洋料理ではソースなどにワインを使うのが一般的ですが、もちろんNGです。日本料理でも味つけに日本酒やミリンを用いるケースがありますが、これらも使用することはできません。

　さらに日本料理を提供するうえで厄介なのが、醤油が使えないということです。「醤油にアルコール？」と思う方もいるかもしれませんが、お手元に醤油があれば、原材料を確認してみてください。一般的なメーカーの醤油であれば、商品の腐敗・劣化を防ぐためにアルコールが加えられているはずです。

　いうまでもなく、醤油は日本料理の味づくりには欠かせない調味料です。それでは、どうしたらいいのでしょうか？

　答えは、ハラル対応の醤油を使用するということです。第3章でもふれますが、醤油以外にも、味噌、ソース、マヨネーズなどには、アルコールが含まれている場合が少なくないのです。

　したがって飲食店では、こうした調味料を使わないか、あるいはハラル対応の調味料に置き換えて使用することが求められます。

　なお、ハラルかハラムかの判断が分かれる調味料に「酢」があります。ワインなどアルコール飲料を由来とする酢は当然ハラムですが、それ以外でも微量のアルコール成分を含むので、酢の使用は避けたほうがいいでしょう。

アルコールを含む場合がある調味料

第1章 ハラルとはなにか

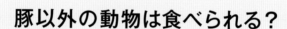

豚以外の動物は食べられる？

　これまでは、ハラル対策の２本柱ともいえる「豚」と「アルコール」について説明してきましたが、ここでは14ページの②で挙げた豚以外の動物で、「イスラム法にのっとって食肉処理されていないもの」について解説します。

　豚肉、および豚由来の食品が絶対的に禁止されているのは、先にふれたとおりですが、それ以外の食肉についてはどうなのでしょうか？

　その答えは、「イスラム法」にのっとった食肉処理をしてさえいれば、ムスリムは、牛肉でも、鶏肉でも、羊肉でも食べることができるということになります。

　この「イスラム法にのっとった食肉処理」とは、具体的には右ページのとおりです。

　このような食肉処理をされた食肉であれば、それは「ハラル」ということになります。

　では、こうした「ハラル食肉」をどこで手に入れればよいのかというと、それは日本国内の専門業者から入手することになります。58ページに商品の一例を紹介したので、参考にしてください。

＜イスラム法にのっとった食肉処理＞
（抜粋）

1. と畜、加工する者がイスラム法にのっとった食肉処理について、精通しているムスリムであること。

2. と畜する際は、ナイフを使うのを原則とし、やむを得ず、電気ショックを使用する際は、訓練を受けたムスリムが監督する。

3. と畜の直前に、「タスミヤ」と呼ばれる宗教的言辞を唱える。また、メッカの方向に向いて処理することが望ましい。

4. 処理施設や加工施設は、ハラルの食肉処理、加工専用とする。

※ここで挙げたのは、主要な項目だけで、実際にはと畜・加工の細部にわたって、やり方が定められています

まとめ

　これまで飲食業の関係者がハラルについての最低限知っておくべきことを解説しましたが、みなさんは、どのような感想をおもちになったでしょうか？
　思っていた以上に複雑でむずかしいと感じた方もいらっしゃるかもしれませんし、反対に「これならいける」と思った方もいるかもしれません。
　ハラルは、突き詰めれば突き詰めるほど、むずかしく、判断に迷うことが多いものです。しかし、飲食店を営むうえで知っておくべきことは、それほど多くはありません。
　基本さえ押さえれば、ムスリムが安心して食べられる食事を提供することができるのです。
　次章では、実際にハラル対応の飲食店を営業することのメリットと、ハラル対応の飲食店が経営的に成功するためのポイントを解説していきます。

ハラルQ&A PART 1

Q1 「ハラル対策」はむずかしい？
➡ そんなことはありません。「ハラル」の概念を正しく理解すれば、だれにでも簡単に対応することができます。

Q2 「ハラム（=許されていない）」の食材はたくさんある？
➡ 基本になるのは、「豚」と「アルコール」ですが、そこからいろいろな食材に派生していくので注意が必要です。

Q3 ノンアルコールビールならムスリムも飲める？
➡ 市販のノンアルコールビールにもごく微量のアルコールが含まれているので、飲むことはありません。

Q4 アルコールを提供したら、ハラル認証は取得できない？
➡ それぞれの認証団体によって基準が異なるので、問い合わせてみてください。

Q5 豚肉以外の肉類は提供しないほうがいい？
➡ そんなことはありません。とくに鶏肉や羊肉はムスリムの好物です。ハラル認証を取得した肉類も売られているので、活用するといいでしょう。

halal

第2章

ハラルビジネスの勝機

飲食業界関係者が「ハラル」をビジネスにする場合のメリットと留意点を説明。年々増えつづける訪日ムスリムの需要にこたえつつも、実践的で、現実的な店舗運営の形態をさぐっていきます。

2020年には4人に1人がムスリムに

　現在、世界中にムスリム（イスラム教徒）は、約16億人いるといわれています。これはヒンドゥー教徒やユダヤ教徒、仏教徒などを抑えて、キリスト教徒につぐ第2位。世界の人口のじつに20％以上を占めている計算になります。

　しかも、イスラム諸国はおしなべて平均年齢が低く、人口増加のペースが速いという傾向があります。この調子でムスリムの人口が増加すれば、2020年には世界の人口の4人に1人がムスリムになるのです。

　また、平均年齢が若いということは、かつての日本の高度経済成長期のように、イスラム諸国の生産と消費が急速に拡大する可能性を秘めていることになります。

　こうした数字を見れば、世界のムスリムを相手にしたハラルビジネスの可能性が、これからますます広がっていくことがわかるでしょう。

世界のなかのムスリム

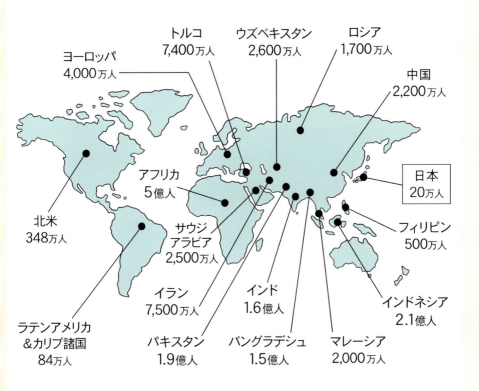

※ハラル・ジャパン協会調べ

第2章 ハラルビジネスの勝機

訪日ムスリムが増えている！

　それでは、日本国内のムスリムの人口はどの程度なのでしょうか？ これは、正確な数字を示すのがむずかしいのですが、およそ20万人といわれています。このなかには、仕事の関係で日本に滞在している人やその家族、留学生などが含まれます。

　一方で、近年注目されているのが、ムスリムの観光客です。

　たとえば、ムスリムの割合が高い、インドネシア、マレーシア、シンガポールからの観光客数は、ここ数年、右肩上がりで推移しています（右ページ参照）。

　当協会の試算では、2015年の訪日ムスリムは年間約60万人、外食やお土産の購入など、ムスリムの食関連の市場は650億円に達していると見ています。

　背景には、旅行先としての日本の人気が世界的に高まっていることが挙げられます。とくに和食がユネスコの無形文化遺産に登録されたことによって、日本の「食」についての関心が高まっているのです。

　さらに、ムスリムは一般的に親日的な人が多く、「食」だけでなく、日本の文化や技術力に対して、高い関心をもっているようです。

　訪日ムスリムは、今後ますます増加すると考えられ、当協会では2020年には年間100万人、日本におけるムスリムの食関連の市場が1600億円まで伸長すると予測しています。

訪日ムスリムの推移

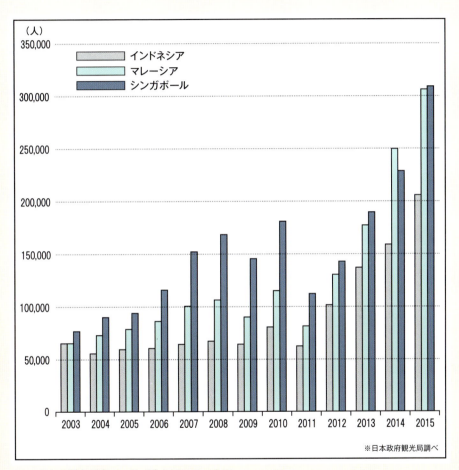

※日本政府観光局調べ

ムスリムの割合が高い、インドネシア、マレーシア、シンガポールからの訪日客は、この10年で倍以上に増えている。彼らのニーズを掴むことができれば、飲食店にとって大きなビジネスチャンスとなる。

「ハラル認証制度」とはどんなもの？

　訪日ムスリムのインバウンド需要に対応するために必要なのが、ハラル対策です。ハラルの概要については、第1章でふれましたが、ここからは実際に飲食店がムスリムを対象に営業するうえで、どのような施策が有効なのかを紹介していきます。

　ムスリムに安心して食事をしてもらうためには、「当店ではハラルに対応しています」ということを店頭でわかりやすく示す必要があります。そのために有効なのが、「ハラル認証制度」です。

　これは、まず飲食店が認証機関に審査を依頼します。その後、認証機関が食材から厨房、食器にいたるまでをチェックし、その店がハラルに対応しているかどうかを判断。ハラル対応がなされていると認められれば、認証が与えられるというものです。

　認証機関は、代表的なものだけでも国内に8団体があり、大別すると、宗教法人、一般企業、NPO法人などが存在します。それぞれの認証機関によって、認証の基準は異なり、また認証に必要な費用にも大きな開きがあります。

　こういわれると、どこの団体の認証を取得すればいいのか迷ってしまうかもしれませんが、海外から訪れたムスリムにとっては、「ハラル認証」を取得しているかどうかが重要で、その認証をどこの団体が発行しているかまでは、気を配らないケースがほとんどです。

　とはいえ、なかには極端に基準を甘くして、認証を乱発している団体もあると聞きます。認証機関に審査を依頼する際は、かならずそこが信頼をおける団体かどうかチェックするようにしてください。

代表的な認証機関

- 宗教法人 日本ムスリム協会
  東京都品川区東五反田 3-17-23
  http://www.muslim.or.jp

- NPO法人 日本ハラール協会
  大阪府大阪市平野区西脇 1-1-2 ミヤコ三愛ビル
  www.jhalal.com

- NPO法人 日本アジアハラール協会
  千葉県千葉市中央区松波 2-6-2 SR千葉松波ビル2F
  http://web.nipponasia-halal.org

- 宗教法人 日本イスラーム文化センター/マスジド大塚
  東京都豊島区南大塚 3-42-7
  http://www.islam.or.jp

- イスラミックセンター・ジャパン
  東京都世田谷区大原 1-16-11
  http://islamcenter.or.jp

- マレーシア ハラル コーポレーション（株）
  東京都新宿区四谷 4-32-1 吉岡ビル3F
  http://mhalalc.jp

- 京都ハラール評議会
  京都府京都市上京区宮垣町 92-1F
  http://www.halal-kyoto.net

- ムスリム・プロフェッショナル・ジャパン協会
  東京都新宿区四谷 4-32-1 吉岡ビル3F
  http://www.mpja.jp

第2章 ハラルビジネスの勝機

「ハラル認証」は取得したほうがいい？

　前項では、ハラル認証について説明しましたが、実際に個人経営の飲食店がハラル認証を取得するには、認証機関による程度の差はありますが、総じてかなりハードルが高いといえます。
　具体的には、認証を得るために、以下の条件が必要となるケースがあります。

①使用しているすべての食材がハラルである
②ハラル専用の厨房を設けている
③アルコール飲料の提供はいっさい行っていない
④ムスリムの料理人がいる

　以下、1つずつ検討していきましょう。
　まず、①に関しては、第1章でふれたとおり、食肉は豚肉以外を使い、それらも、ハラル対応のものを仕入れる必要があります。また、使用する調味料なども大きく制限されます。
　これによって、提供できるメニューが限られてくるのはもちろんのこと、通常よりも原価が余計にかかってしまうことになります。
　なぜなら、ハラル対応の食肉や調味料は、そこまで需要が高いものではありませんので、当然、一般の食材にくらべて、仕入れ値は割高になるからです。
　②に関しては、すべてのメニューがハラル対応であれば特別な対応は必要ありません。しかし、52ページでも説明しますが、もしハラルに非対応のメニューもおく場合、厨房から、調理器具、食器にいたるまで、ハラル用と非ハラル用を分ける必要があり、これも非

常にコストがかかります。

　③のアルコール飲料については、提供しなければいいのですが、ご存じのとおり、日本における飲食店の利益率はけっして高いとはいえません。料理に加えてアルコールを販売することで、売上げや利益を確保しているという店が多いのが現状です。

　飲食店の業種や業態にもよりますが、居酒屋はもちろん、ディナー営業を主体としたレストランなどで、アルコールが販売できないとなると、その経営的なデメリットは非常に大きいといわざるをえません。

　最後の④に関しても、ムスリムの料理人を見つけて雇用するのは、簡単なことではないでしょう。

　以上のことからわかるように、ハラル認証を取得すれば、ムスリムの集客には効果的な半面、原価がかかりすぎたり、アルコールを販売できなかったりと、飲食店の経営にとってはマイナスになることも多いのです。

　もし、ムスリムだけをターゲットに飲食店を営業するというのであれば、認証を取得するのも1つの選択肢ではあります。

　しかし、ムスリムをターゲットとしつつも、日本人のお客にも来店してほしいということであれば、認証を取得して、みずからにきびしい制約を課すことがかならずしも得策とはいえません。

　読者のなかには、「ハラル対策＝認証取得」と思っている方も少なくないと思いますが、認証を取得するのは、あくまでハラル対策の手段の1つであると考えてください。

「ムスリムフレンドリー」ってなんのこと？

　では、ハラル認証を取得せずに、ムスリムに来店してもらうにはどうしたらいいのでしょうか？　その問題を解決するキーワードとして、「ムスリムフレンドリー」という概念があります。

　ムスリムフレンドリーは、その名のとおり、ムスリムに対して友好的であることをめざすという考え方です。定まった定義はないので、ハラル認証を取得する場合と比較して、より"ゆるい"ハラル対応策を講じることととらえていいでしょう。

　具体的には、前項で挙げた条件のうち、一部はクリアして、一部はクリアしていないという状態です。

　たとえば、「食材に関してはすべてハラルだが、キッチンはハラル専用ではない」。あるいは、「料理にアルコールは用いていないが、ムスリム以外のお客向けにアルコール飲料を販売している」。

　こうした条件ならば、ハラル認証は取得できなくても、店独自の判断で、店頭に「ムスリムフレンドリー」という表示を掲げることができます。ただし、くり返しますが、その意味は統一されていないので、上記のように、どこまでハラルに対応しているのか、ムスリムに対して偽りなく情報を開示しましょう。

　なお、独自のムスリムフレンドリーの規定をつくり、証明書を発行している団体も存在しています。「ハラル認証はハードルが高くて取得できないが、ムスリムフレンドリーならば対応できるかもしれない」という人は、あたってみるといいでしょう。

ハラル認証とムスリムフレンドリーの違い

◎ハラル認証取得レベル
- 使用している食材はハラルである
- ハラル専用キッチンを設けている
- アルコールの提供はいっさい行わない

厳格

◎ムスリムフレンドリー（一例）
- 使用している食材はすべてハラルである
- ハラル専用キッチンではないが、ハラル専用の調理器具を使用し、食材や食器類も明確に分けて管理を行う
- アルコール飲料の販売が可能

◎ノーポーク・ノーアルコール
- ムスリムがもっとも気にする「豚」と「アルコール」を排除した料理を提供

寛容

情報開示をすることが大事！

情報開示がなにより大事！

　前項では、ハラル認証を取得することがむずかしい場合は、「ムスリムフレンドリー」という考え方があることを紹介しましたが、もっとハードルを下げて、「ノーポーク（No Pork）」、「ノーアルコール（No Alcohol）」とだけ表示するパターンも考えられます。

　これは文字どおり、ムスリムがもっとも気にする「豚肉」と「アルコール」を使っていませんという意味で、ムスリムフレンドリーよりも、さらに制約が少なくなります。

　実際に東南アジア諸国では、こうした表示を掲げた飲食店をたくさん見かけます。

　ムスリムは世界に16億人いるということはすでにふれましたが、その信仰の度合いは人それぞれです。イスラム法に対して、非常に厳格なムスリムもいれば、比較的寛容な人もいます。

　要は、「食べる／食べない」を決めるのは、ムスリム個人だということです。在日のムスリムに聞いても、「豚とアルコールは口にしないけど、それ以外のことは気にしない」といった人も数多くいます。

　ムスリムの観光客にしても、基本的に日本の食事や文化を楽しむために訪日しています。ですから、ことさらに厳格な基準を守るのではなく、ムスリムに対して情報を開示して、自身で判断できるような材料を提供することが大事であり、彼らのためでもあるわけです。

ムスリム向けのアイコン

FOODPICT © INTERNASHOKUNAL & NDC Graphics

　上の図は、特定非営利活動法人インターナショクナルが作成したピクトグラム（絵文字）です。こうしたマークを店頭やメニュー表に使用することで、ムスリムに対して、豚肉やアルコールを使用していることを事前に示すことができます。飲食店にとっては、ムスリムにわかりやすく情報を伝えることが大事なのです。

第2章 ハラルビジネスの勝機

「おもてなしの心」を忘れずに

　ここまでは、ムスリムに安心して食事を楽しんでもらうための対策を紹介しましたが、ムスリムが日本の飲食店で苦労するのは、食べものだけではありません。

　いちばんの課題が、礼拝への対応です。

　ムスリムは１日５回の礼拝を欠かすことができません。したがって、飲食店でも礼拝専用の部屋、それがむずかしければ、空いている個室を案内するか、部屋の一部をパーティションで区切るといいでしょう。

　その際はメッカの方向を教えるか、部屋にメッカの方向を示すキブラマークを掲示する、あるいはキブラコンパスを貸し出してあげるといいでしょう。さらに、礼拝時刻表や礼拝マットも準備しておけば、より親切です。

　もちろん、これらすべての対応を完璧に行うのはたいへんです。それでも、できるかぎりのことをしてあげれば、その気持ちはムスリムに伝わります。そうなれば、リピートにつながったり、ムスリムコミュニティのなかで、「あの店は、ムスリムに対してやさしい」といった評判がたち、店にもメリットになるはずです。

　ちなみに、こまかいことではありますが、基本的にムスリムは左手を使わないので、ものを渡すときなどには注意してください。さらに、極力、同性による接客を心がけるといいでしょう。

　加えて、たとえば、ムスリムが来店した際は、アルコールを提供しているのであれば、その旨を伝えて、アルコールを楽しんでいるテーブルとは離れた場所に案内するなど、ちょっとした気遣いがあればムスリムは、より気持ちよく食事を楽しんでくれることでしょう。

ムスリム対応の礼拝室など

写真は、東京都豊島区にある立教大学池袋キャンパス内の礼拝室で、特定の宗教に限定せず、利用が可能。近年は、ムスリムの旅行客や留学生の増加に対応して、礼拝のためのスペースを設置する公的施設が増えている。飲食店でも可能な範囲で対応すれば、ムスリムがより快適に食事をすることができるようになるだろう。(写真提供：丹青社)

大阪市天王寺区にある「シェラトン都ホテル大阪」でムスリムの宿泊客向けに貸し出している礼拝用マットとキブラコンパス。訪日ムスリムの増加に合わせて、宿泊施設でもハラル対策が進んでいる。

ムスリムが好む日本食とは

　在日ムスリム向けの飲食店検索アプリに「ハラルナビ」というものがあります。そこで検索の上位にランクされている日本食は、「ラーメン」「すし」「カレー」「焼肉」だそうです。

　ほかにも、「餃子」「ハンバーグ」「ミートソーススパゲッティ」といった料理を食べたいという声がよく聞かれます。これらの料理は、一般的に豚肉を使うものも多く、そのままのかたちではムスリムは口にすることができません。

　ですから、これらの料理をムスリムが食べられるようにアレンジして提供できれば、需要はかなりあると考えていいでしょう。

　実際に、ムスリム向けのラーメン店や焼肉店は、東京都内を中心に何店か存在し、いずれもムスリムでにぎわっているようです。

　ラーメン店であれば、豚骨スープの代わりに、魚介だしや野菜だし、ハラル対応の鶏肉のだしなどを使う。さらに一般的な麺にはアルコール成分が含まれているので、ノンアルコール麺を使用します。

　焼肉店では、当然、ハラル対応の牛肉を使います。

　いずれにしても重要なのは、あくまで「日本食」を提供することです。ハラル対応をするためにアレンジは必要ですが、せっかくムスリムが日本に来て、日本食を食べようとしてくれているのですから、できるかぎり、ふだん私たちが食べているものと遜色のない料理を提供することが大事になります。

　そのうえで、ムスリムの好みに合わせて、甘さや辛さを調整するといいでしょう。

ハラル対応の飲食店（一例）

焼　肉	炭焼き屋（東京・西麻布） 東京都港区西麻布 3-20-16 03-3403-5397 http://www.sumiyakiya.com 牛門（東京・渋谷） 東京都渋谷区渋谷 3-14-5 03-5469-2911 班家（東京・御徒町） 東京都台東区台東 3-27-9 03-3839-8929 http://www.panga-panga.com	ラーメン	下町食堂いっぴん（東京・浅草） 東京都台東区西浅草 3-16-11 03-5246-4660 成田屋（東京・浅草） 東京都台東区浅草 2-7-13 03-4285-9806 http://www.fellowscompany.jp/naritaya Ayam-YA（東京・御徒町） 東京都台東区台東 4-10-1 山田ビル 1F 03-3834-6656 新宿御苑らーめん桜花（東京・新宿） 東京都新宿区新宿 1-11-7 03-5925-8426 http://www.m-ouka.jp
和　食	花さかじいさん（東京・渋谷） 東京都渋谷区桜丘町 3-22 サクラビル B1F 03-3496-7777 http://hanasakaji-san.jp		
イタリア料理	ブランポーネ（東京・江古田） 東京都練馬区豊玉上 1-9-5 ハコビル1F 03-3991-5944		
中華料理	東京穆斯林飯店（ムスリム）（東京・錦糸町） 東京都墨田区江東橋 2-18-6 03-5669-0934		

外国人に人気の高い観光地である東京・浅草に店を構える「成田屋」は、ムスリムでにぎわうラーメン店だ。

第2章 ハラルビジネスの勝機

ハラルレストランが成功するには？

　最後に、ハラルに対応した飲食店が成功するためのアプローチ方法について解説します。

　先にふれたとおり、ハラル対策を行えば、ムスリムに対して訴求することができる一方で、食材や設備にコストがかかりすぎたり、日本人の集客にとってマイナスになったりすることもあります。

　いくらムスリムによろこんでもらったからといって、利益を出し、店を長く続けていくことができなければ意味がありません。

　そこでおすすめなのが、ハラルと同時に、「オーガニック」や「ベジタリアン」、「アレルギー対応」といった要素も組み込むことです。

　イスラム教の教えには、「トイバン」というものがあります。これは「身体にいい」という意味で、ムスリム以外にも幅広く受け入れられる考え方です。

　第1章で紹介したように、野菜は基本的にハラルなので、ベジタリアンとハラルは重なる部分の多い概念です。オーガニックやアレルギー対応も同様です。

　「ハラル」と謳うと、どうしても「ムスリムだけのため」というイメージがついてしまいます。

　そこで、ほかの3つの概念と一緒に打ち出し、ムスリムもムスリム以外の方も、健康的で、かつ安心して食事が楽しめる飲食店という点をアピールする。こうすることで、ハラル対応の飲食店の間口はぐっと広がり、ムスリムに支持されるだけでなく、飲食店として安定した経営を続けられると思うのです。

ハラルと他ジャンルの関係

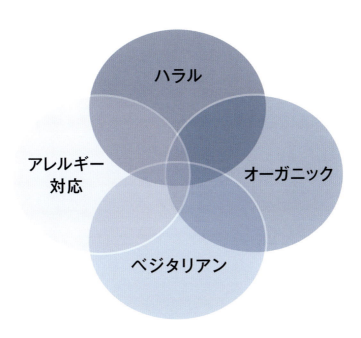

イスラムの教え
「トイバン(Thoyban)」
➡ ムスリム以外にも
　　受け入れられる価値観

考え方が近い分野も取り込むと
市場が大きくなる
「ムスリム用」　➡ △
「ムスリムも楽しめる」➡ ◎

まとめ

　ここでは、ハラルビジネスの可能性とその成功の秘訣について解説しました。ムスリムが世界的に増加傾向にあり、また訪日ムスリムが増えていることから、飲食店にとってのハラル対策がどれだけ重要かがわかっていただけたかと思います。
　いま一度ハラルビジネスの要点をまとめると以下のとおりです。

・ムスリムにアピールするには、「ハラル認証」が有効である。
・一方で、ハラル認証を取得するのはハードルが高いので、かならずしも取得する必要はない。
・ムスリムに対して情報を開示し、ムスリム自身に判断してもらうことが大事。
・「ムスリムだけ」が楽しめる店ではなく、「ムスリムも」楽しめる店をつくることが必要。

　読者のみなさまには、ハラルに対応することで、ムスリムの需要を吸収しながらも、飲食店としての魅力がある店づくりをしていただきたいと思います。

ハラル Q&A
PART 2

Q1　ムスリムの人口は増加傾向？
　➡　そのとおりです。2020年には4人に1人がムスリムになり、30年には世界最大の宗教人口になるといわれています。

Q2　ムスリムは中東に多い？
　➡　もちろん中東諸国も多いのですが、インドネシアやマレーシア、インドなど、アジア地域にもたくさんのムスリムが生活しています。

Q3　ムスリムは反日的、それとも親日的？
　➡　国や地域、もちろん個人によって差はありますが、おおむね親日的といえます。日本に対して好意的であったり、憧れを抱いているムスリムも多いようです。

Q4　訪日ムスリムは、日本食を食べない？
　➡　そんなことはありません。これまでは、ムスリムが安心して食べられる飲食店がなかっただけです。ムスリムが安心して食事ができる飲食店があれば、彼らもよろこんで日本食を口にするでしょう。

Q5　ハラル認証は取得したほうがいい？
　➡　かならずしもそうとはいいきれません。ムスリムだけを対象にした飲食店であれば、認証を取得するのも有効ですが、実際に店を運営するうえでは、それが足かせになってしまう場合もあります。自分の店がどこをめざすのかをよく考えたうえで、取得する／取得しないを決めるといいでしょう。

厨房&食材のポイント

飲食店を開業、運営するうえで欠かせない「厨房」と「食材」についてのポイントを解説。実際にハラルに対応した飲食店を運営することを想定し、ハラル認証を取得した食品も紹介します。

第3章 厨房&食材のポイント

理想のハラル対応のキッチンとは

　ハラル対応の厨房でもっとも大切なのは、「ナジス」（不浄）な環境をつくらず、たえず清潔に保つことです。そのために、厨房設備が洗浄しやすいように設計されていることが前提になります。

　とはいえ、ハラルに対応するために、特別に必要な設備や機器はありません。ただし、もしもハラル対応のメニューとそうでないメニューの両方を提供する場合は、注意が必要です。

　なぜなら、ハラル対応とハラル非対応の料理をつくる場所や、食材を保管する冷蔵庫や冷凍庫、鍋や包丁、まな板といった調理器具まで、すべてを使い分けるのが望ましいとされているからです。

　たとえば、もともとハラルであった鶏肉でも、豚肉と一緒に保管した時点でナジスとみなされ、ハラルではなくなってしまいます。さらに豚肉を調理するのに一度でも使用した調理器具は、たとえ洗ったとしても、使うことができないのです。

　ですから、理想的には冷蔵庫や冷凍庫などは、ハラル用と非ハラル用の２台が必要になります。包丁、まな板、鍋、ボウルといった器具もそれぞれハラル用と、非ハラル用のものを揃えたうえで、それらがはっきり見分けられるようにして、使い分けなくてはいけません。

　単純に考えると、厨房の面積も２倍必要になりますから、コストがそのぶん余計にかかることになります。したがって、第２章でもふれたとおり、それぞれの店の実情に合わせて、どこまで対応するのかを判断する必要があるのです。

理想のハラル対応キッチン

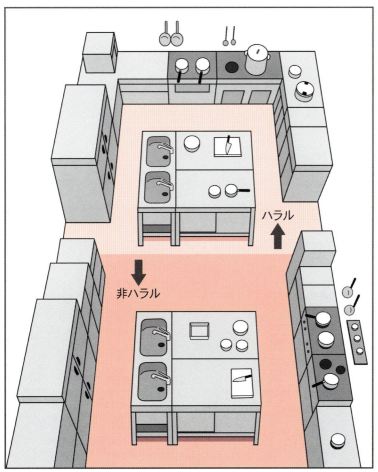

上の図で示したのは、あくまで理想のハラルキッチン。実際にここまで対応するのはむずかしいので、調理器具だけを使い分けるなど、それぞれの店の実情に合わせて判断してほしい。

第3章 厨房&食材のポイント

厨房設備と「ハラルレベル」の関係は?

　前項では、飲食店でハラルと非ハラルの両方のメニューを提供する場合の対処法について説明しましたが、店で提供するメニューをすべてハラルに対応させれば、こうした気遣いは必要ありません。厨房に持ち込まれる食材がすべてハラルである限り、厨房内が「ナジス」(不浄) になる心配がないからです。

　すべてのメニューをハラルに対応させるのか、それとも一部のメニューだけをハラルに対応させるのか。あるいは、第2章で説明したように、「ハラル」とは謳わず、「ノーポーク」だけを実践するのか。飲食店がどのレベルをめざすかによって、備えるべき厨房設備や機器、調理器具が大きく変わってくるのです。

　こうした設備や機器類のことも考慮したうえで、めざすべき「ハラルレベル」を決めるといいでしょう。

　なお、厳密にいえば、ハラルという概念は食材だけでなく、包装資材や保存容器などにもかかわってきます。調理や食材の保存などに使用する器具類は、食品に有毒でないものと定められています。

　さらに、テーブルを拭く際に使用するアルコール除菌スプレーなども、使用しないに越したことはありません。アルコールを使用していないハラル対応の除菌スプレーや洗浄液 (写真右) も販売されているので、試してみるといいでしょう。

厨房設備の考え方

1. ハラルメニューだけを提供

　　➡ 通常の設備

2. ハラルメニューと非ハラルメニューを提供

　　➡ 設備や機器類、調理器具の使い分けが必要（52〜53ページ参照）

3. ハラルとは謳わず、個別のメニューに「ノーポーク」「ノーアルコール」などの表示をする場合

　　➡ 通常の設備

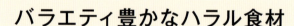

バラエティ豊かなハラル食材

　第1章ではハラルとハラムの食材について概説しましたが、ここでは実際にハラルの食材として使える商品を紹介していきます。
　まず、前提としてハラルの食材には「ハラル認証を取得した食材」とそうでないものがあります。前者は、認証機関からハラル認証を取得しており、パッケージに認証マークが貼付されています。
　後者は、そもそもハラルの食材なので、あえて認証を取得していないという場合です。魚や野菜、果物などは、もともとハラルの食材なので、通常、わざわざハラル認証を取得することはありません。
　反対に、豚以外の食肉や調味料に関しては、一般的に売られているものが非ハラルなので、ハラル認証を取得することで、ハラルであることをわかりやすく示しているのです。
　58～59ページで紹介している食材、調味料は、ハラル認証を取得した商品の一例です。このほかにも次の食品については、ハラルに対応した商品が存在しています。

＜調味料類＞
・醤油・味噌・マヨネーズ・カレー粉・レトルトカレー
＜食肉＞
・鶏肉（国産）・牛肉（国産・海外産）・羊肉（海外産）
＜加工品＞
・和菓子（あられ、まんじゅうなど）・洋菓子（カステラ、チーズケーキ、ゼリーなど）・飲料（ジュース）・大豆加工品・ジャム
＜小麦粉製品＞
・ラーメン・うどん・そうめん・パン（食パン、菓子パンなど）

＜そのほか＞

・海苔・緑茶・有機酸（食品添加物）・香料・健康食品

　こうしたハラル認証を取得した商品は、通常スーパーマーケットなどで見かける機会は多くありません。

　したがって、入手方法は直接メーカーに問い合わせていただくか、東京であれば、新宿区のＪＲ新大久保駅周辺にムスリム街が形成されているので、一度、訪れてみるのもいいでしょう。

　さらに、60〜61ページには、おさらいの意味も含めて、食材がハラルかどうかを示した一覧表を掲載したので、参考にしてください。

東京都新宿区のJR山手線・新大久保駅付近。「韓流」のイメージが強いかもしれないが、ムスリム向けのスーパーマーケットや食料品店も多く、ハラル対応の商品もいろいろと手に入る。

ハラル製品の一例

食肉関係

国産牛の肩ロース ＜(有) 寄居食品＞

ブラジル産鶏モモ肉

ニュージーランド産仔羊の背肉

ブラジル産チキンソーセージ

パン

フランスパン ＜アーレムジャパン(株)＞

スティックシュガー ＜はたの包装(株)＞

調味料

醤油
＜福島県醤油醸造協同組合＞

醤油
＜(株)丸十大屋＞

醤油
＜盛田(株)＞

味噌 ＜かねこみそ(株)＞

味噌 ＜マルコメ(株)＞

タイ産オイスターソース

シンガポール産
甘味料

シンガポール産
すし酢

てりやきソース
＜(株)丸十大屋＞

ポン酢
＜(株)丸十大屋＞

第3章 厨房&食材のポイント

ハラル対応／非対応の食品一覧

第1章でも解説したハラルとハラムの食品について、表にまとめました。これ以外の食材も「原材料名」を確認し、ハラル／ハラムを判断するようにしてください。

凡例：○＝基本的にはハラルと考えられる食品
△＝ハラルとハラムの場合がある食品
×＝原則としてハラムの食品

食 肉		
豚 肉	×	ムスリムはいっさいの豚肉を口にすることができない
牛 肉	△	イスラム法にのっとって屠畜されたハラル認証を取得した牛肉を使うのが望ましい
鶏 肉	△	イスラム法にのっとって屠畜されたハラル認証を取得した鶏肉を使うのが望ましい
羊 肉	△	イスラム法にのっとって屠畜されたハラル認証を取得した羊肉を使うのが望ましく、牛肉や豚肉に比べて入手しやすい
カエル	×	ワニやカメなど、水陸両生の生物はハラムとなる
加工肉		
ハム、ソーセージなど	×	加工品であっても豚肉由来であれば、ムスリムは口にすることができない
パテ、リエットなど	△	市販のパテやリエットには、豚肉が使われていることが多い。提供するのであれば、ハラル認証を取得した食肉や魚介類を使用して自家製する必要がある
魚介類		
鮮 魚	○	基本的に魚介類は、すべてハラルと考えられる
甲殻類	○	エビやカニのほか、貝類などはすべてハラルと考えられる
魚介加工品		
イクラ、トビッコなど	×	加工段階で醤油やアルコールを使用しているケースが多い
カニカマ、カマボコ	×	加工段階でアルコールや合成着色料を使用しているケースが多い
海 藻		
海 苔	△	基本的にはハラルの食材だが、焼き海苔には加工段階でアルコール処理をしているものがある
ワカメ、昆布など	○	海藻類も基本的にはハラルと考えられる
野菜、果物		
野菜、果物全般	○	基本的に野菜、果物類はすべてハラルと考えられる
キノコ類	○	有毒なものを除いて、ハラルと考えられる
主 食		
ご 飯	○	野菜や果物と同様にハラルと考えられる
パスタ	○	小麦粉が原料なので、ハラルと考えられる
うどん	○	小麦粉が原料なので、ハラルと考えられる
蒸し麺	△	ラーメンや焼きそばに使用する既成の蒸し麺には、原材料にアルコールが含まれている場合が多いので、ハラル認証を取得した蒸し麺を使用するのが望ましい
パ ン	△	イーストを使用しているパンや、つや出しのためにアルコールを使用しているパンもあるので、ハラル認証を取得したパンを使用するのが望ましい

大豆製品		
豆腐	○	大豆製品は基本的にハラルと考えられる。可能であれば、遺伝子組み換えでないものを選ぶのが望ましい
油揚げ	△	油揚げは、揚げ油が植物由来であるものが望ましい
乳製品		
牛乳	○	通常の生乳100%の牛乳であれば、ハラルと考えられる
バター	○	有塩、無塩にかかわらず、ハラルと考えられる
チーズ	○	生乳と塩だけでつくられるナチュラルチーズは、ハラルと考えられる。プロセスチーズは、乳化剤が使用されていることがあるので、注意が必要
生クリーム	○	生乳だけでつくられる生クリームであれば、ハラルと考えられる
マーガリン	×	原材料にラードが用いられているので、ムスリムは口にすることができない。マーガリンを使った菓子類が多いので注意が必要
ヨーグルト	△	基本的にはハラルと考えられるが、ゼラチンを含んでいる製品もあるので、注意が必要
調味料など		
醤油	△	一般的な醤油にはアルコールが含まれていることが多いので、ハラル認証を取得した醤油を使うのが望ましい
味噌	△	味噌にはアルコールや酒精が含まれていることが多いので、それらが含まれていない無添加の味噌、もしくはハラル認証を取得した味噌を使うのが望ましい
ミリン	×	アルコールを含んでいるので、ムスリムは口にすることができない
マヨネーズ	△	一般的なマヨネーズにはアルコールが含まれていることが多い。ハラル認証を取得したマヨネーズを使うか、自家製するのが望ましい
ソース	△	原材料にアルコールを使用している可能性がある「醸造酢」が含まれる場合があり、ハラル認証を取得したソースを使用するのが望ましい
ケチャップ	○	基本的にはハラルと考えられるが、原材料に「醸造酢」が含まれる製品は使用を避けるのが望ましい
砂糖	○	上白糖やグラニュー糖などの精製糖も基本的にハラルと考えられるが、精製が粗いキビ糖やテンサイ糖を使うのがより望ましい
酢	△	原材料にアルコールが使用されているものはかならず避ける。表示がなくても微量のアルコール成分が含まれているので、ハラル認証を取得した酢を使用するのが望ましい
油脂		
ラード	×	豚肉由来であれば、ムスリムは油脂も口にすることはできない
サラダ油、大豆油など	○	揚げものや炒めものなど、調理に油脂を使用する場合は、かならず植物性のものを使用する
その他		
ゼラチン	×	ゼラチンは豚肉由来の食材なので、使用することはできない。凝固剤が必要な場合は、海藻が原料の寒天やアガーなどを使用する必要がある
乳化剤	×	乳化剤は原料にラードが使われているので、使用できない
ブイヨン	△	洋風のだしの素であるブイヨンは、野菜が原料のものか、ハラル認証を取得したチキンブイヨンやビーフブイヨンを使うのが望ましい
カレールウ	△	市販のカレールウには、動物のエキスや脂肪が入っているので、ハラル認証を取得したものを使用するのが望ましい

※製品によって原材料が異なる場合もあるので、かならず「原材料」を確認するようにしてください。

第3章
厨房&食材のポイント

まとめ

　この章では、厨房と食材についての基本を解説しました。厨房をどのようにレイアウトするかは、飲食店にとって非常に重要な問題です。新たに店をオープンするときに、どのような点に注意すればいいのか。また、既存の店をハラルに対応させるためには、どんなことが必要になるのか、理解してもらえたでしょうか。

　一方の食材は、ハラル対策の根幹といっても過言ではありません。どんな食材がハラルで、どんな食材がハラムなのか、いま一度、確認してみてください。

　また、第2章の最後でもふれたように、ハラルはベジタリアンやオーガニックといった考え方とも近い関係にあり、基本的には健康的な生活を送るための概念です。

　ですから、いくらもとの素材がハラルでも、そこにさまざまな添加物が加わるとハラムになってしまうこともあります。読者の方には、これを機にスーパーマーケットやコンビニなどで売っている食品の原材料をそのつどよく確認してもらうといいかもしれません。そうすることで、巷の商品にいかに多くの添加物が含まれているかということに気づくと思います。

　さて次章では、いよいよハラルの食材を使って実際に料理をつくっていきます。

ハラル Q&A
PART 3

Q1 ハラル対応するためには、特別な厨房設備が必要？
➡ そんなことはありません。基本的に通常の飲食店と同じ設備で問題ありません。ただし、ハラルと非ハラルの両方のメニューを提供する場合は、設備や器具を分ける必要などがあります。

Q2 魚介類は「ハラル」と考えていい？
➡ 魚介類の一次産品は基本的にハラルです。ただし、魚介類を原料にした加工品や缶詰には、アルコール成分が含まれる場合があるので、注意しましょう。

Q3 野菜や果物、穀物は「ハラル」と考えていい？
➡ OKです。土壌から育つ植物は、食べて害のあるもの以外は、基本的にハラルです。

Q4 乳製品は「ハラル」と考えていい？
➡ OKです。ただし、マーガリンには豚由来のラードが使われているので、使用できません。

Q5 ハラル対応の食材はどこで仕入れる？
➡ 専門に扱う業者のほか、ムスリム街にあるスーパーマーケットでも仕入れることができます。

Q6 醤油や味噌など、和食に欠かせない調味料が使えない？
➡ 一般的な醤油や味噌にはアルコールが含まれていることが多いので、使用することはできませんが、それぞれハラル対応の商品が販売されています。

第4章

使える！ハラルレシピ

ハラル対応のレシピを和・洋・中・デザートの4分野に分けて、プロセスとともに掲載。「使えない食材」をわかりやすく表示し、ハラルに対応しながらもおいしい料理をつくるためのポイントを紹介します。

材料写真下の食材について

- ❌ ハラム：ハラムなので使用できない食材
- ⚠ ハラム：ハラムの可能性があり注意を要する食材

牛丼

ハラル対応 POINT
日本人の国民食ともいえる牛丼には、酒、ミリン、紅ショウガなど、ハラムの食材が使用される。牛肉はハラル対応の牛肉を用いれば問題ないが、酒、ミリンはまったく使えないため、ハチミツを加えて地の旨みを補い、コク豊かに仕上げた。紅ショウガの代わりには、生のショウガのせん切りをトッピング。ボリュームがありながら、さっぱりと食べられる仕立てとした。

＜材料＞(2人分)
水　適量　昆布　適量
煮干し＊1　20g
醤油＊2　20ml
ハチミツ＊3　10ml
砂糖　20g　塩　少量
ショウガ（すりおろし）5g
タマネギ（薄切り）1/6個分
タマネギ（くし形切り）
　2/6個分
牛の肩ロース肉（薄切り）
　＊4　350g
ショウガ（せん切り）＊5
　適量　ご飯　440g

ハラム　酒、ミリン、紅ショウガ
ハラム　牛肉、カツオ節、醤油

ハラルCHECK！

＊1 カツオ節は、かならずしもハラムではないが、日本特有の食材であるため、好意的に受けとめないムスリムもいる。ムスリムは干し魚をよく料理で使用するので、それに近い食材として煮干しを用いる。

＊2 醤油は、原材料にアルコールを使用していないハラル対応のものを使用する。

＊3 調味料に酒やミリンを使用できないため、ハチミツを加えて旨みを補う。

＊4 牛肉は、ハラル認証を取得したものを使う。

＊5 紅ショウガにはハラムである酢が使用されていることが多いため、代わりに生のショウガを使う。

＜つくり方＞

1. 鍋に水を張り、適宜に切った昆布を入れて数十分間〜1時間おく。煮干しを入れて、中火にかける。沸いたら紙で漉す（煮干しのだし）。

2. 別の鍋に①300mlを熱し、醤油、ハチミツ、砂糖、塩を加えて、混ぜ合わせる。

3. ②にショウガ（すりおろし）を加え、煮干し特有の臭みを抑える。

4. ③にタマネギ（薄切り）を加え、強火で5分間煮て、タマネギの甘みをしっかり引き出す。

5. ④にタマネギ（くし形切り）を加えて煮る。火を通しすぎず、食感と風味を残すようにする。

6. ⑤に牛の肩ロース肉を加える。

7. ⑥をほぐしながら、30秒間煮る。

8. ⑦をご飯をよそった器にのせ、ショウガ（せん切り）をあしらう。

五目野菜の炊合せ

ハラル対応 POINT

九州北部の郷土料理である筑前煮には鶏肉を使用するのが一般的だが、それをベースに同じ食事制限メニューとして共通点も多いムスリム向きとベジタリアン向きを兼ねた料理に。鶏肉を使用しないため、野菜はあえて下茹でせず、それぞれ素材の味をしっかりと引き出した。酒やミリンを使えないぶん、仕上げにハチミツを使ってコクを加えている。

和食

<材料>（2人分）
ダイコン（乱切り） 160 g
ニンジン（乱切り） 120 g
レンコン（乱切り） 80 g
ゴボウ（乱切り） 80 g
シイタケ（乱切り） 小5個分
煮干しのだし＊1 適量
砂糖 20 g
塩 3 g
醤油＊2 20ml
ハチミツ＊3 15ml

✕ ハラム 酒、ミリン
△ ハラム カツオ節、醤油

ハラルCHECK！

＊1 カツオ節は、かならずしもハラムではないが、日本特有の食材であるため、好意的に受けとめないムスリムもいる。ムスリムは干し魚をよく料理に使用するので、それに近い食材として煮干しを用いる。

＊2 醤油は、原材料にアルコールを使用していないハラル対応のものを使用する。

＊3 調味料に酒やミリンを使用できないため、ハチミツを加えて旨みを補う。

<つくり方>

1. 鍋にダイコン、ニンジン、レンコン、ゴボウ、シイタケを入れ、煮干しのだし※をひたひたに注ぐ。

2. ①を強火にかけ、沸騰したらアクを引く。砂糖と塩で味をととのえる。

3. ②にキッチンペーパーで落とし蓋をして、野菜に火が入るまで15分間炊く。

4. ③の落とし蓋を取り除き、醤油を加える。さらに3分間炊く。

5. ④にハチミツを加えて、ひと煮立ちさせる。ハチミツは加熱しすぎると苦みが出るため、仕上げる直前に加える。器に盛る。

※67ページの工程1を参照

仔羊の角煮仕立て

ハラル対応 POINT

豚の塊肉を甘辛く煮込んだ角煮は、和食の代表的な煮物料理。ここでは豚肉の代わりにラムチョップを使用し、独特のクセがあるため仔羊肉を、シナモン、カルダモンなど4種のホールスパイスと一緒に煮込むことで臭いを抑えながら、風味豊かに仕上げた。酒、ミリンを使えないぶん、最後にハチミツを加えて照りを出し、旨みを補う。

＜材料＞（2人分）

仔羊の背肉（骨付き）＊1　250g
ショウガ（薄切り）　10g
シナモン　適量
カルダモン　適量
クローヴ　適量
ローリエ　適量
水　適量　砂糖　20g
ゴボウ（乱切り）　30g
ニンジン（乱切り）　30g
レンコン（乱切り）　30g
醤油＊2　30ml　ハチミツ　10ml
白髪ネギ　適量

ハラル CHECK！
＊1　仔羊肉は、ハラル認証を取得したものを使う。
＊2　醤油は、原材料にアルコールを使用していないハラル対応のものを使用する。

ハラム　豚肉、酒、ミリン
ハラム　仔羊肉、醤油

＜つくり方＞

1. 仔羊の背肉を掃除して、骨1本ずつに切り分ける。

2. ①を熱湯を張った鍋に入れ、30秒間湯どおしする。

3. 別の鍋にショウガ、シナモン、カルダモン、クローヴ、ローリエを入れる。②を並べて、ひたひたより多い量の水を注ぐ。砂糖を加える。

4. ③を中火にかけ、煮立ったら、アクを引く。

5. ④にゴボウ、ニンジン、レンコンを入れ、醤油を加える。

6. ⑤にキッチンペーパーで落とし蓋をし、弱火で仔羊の背肉がやわらかくなるまで40分間炊く。

7. ⑥の落とし蓋を取り除き、中火で熱して適度に煮詰める。仕上げにハチミツを加える。器に盛り、白髪ネギをあしらう。

牛肉の冷しゃぶ

ハラル対応 POINT
牛肉はハラル対応のものを使用するのはもちろんだが、ポン酢も既製品は使用できないのがポイント。酢がハラムであるため、自家製ポン酢はスダチ果汁とレモン果汁を使って自家製する。レモン果汁は若干苦みがあるため使用量を抑え、そのぶんスダチ果汁を多めに配合してさわやかな風味に仕上げた。また、今回は冷しゃぶを紹介したが、温かいしゃぶしゃぶもムスリムに人気の高いメニューだ。

ハラム ポン酢 *3　**ハラム** 牛肉、ゴマだれ *4

<材料>

▼ポン酢（つくりやすい分量）
水 100ml　スダチ果汁 60ml
レモン果汁 10ml　醤油*1 40ml
ハチミツ 10g　砂糖 20g
塩 5g

▼牛肉の冷しゃぶ（2人分）
牛の肩ロース肉（薄切り）
　*2 200g
タマネギ（薄切り）1/2個分
パプリカ赤・黄（細切り）
　各1/8個分
ニンジン（短冊切り）6枚
万能ネギ（みじん切り）少量

ハラル CHECK！

*1 醤油は、原材料にアルコールを使用していないハラル対応のものを使用する。
*2 牛肉は、ハラル認証を取得したものを使う。
*3 ポン酢には、酢が使用されているので、自家製するか、ハラル対応の酢を使う必要がある。
*4 ゴマだれにも、市販のものにはアルコールが含まれていることが多いので、自家製する必要がある。

和食

<つくり方>

1. ポン酢をつくる。ボウルに水、スダチ果汁、レモン果汁、醤油、ハチミツ、砂糖、塩を入れる。

2. ①を泡立て器で十分に混ぜ合わせる。

3. ②の味を確認しながら、適宜、分量を調整する。一般的にムスリムは、甘みと酸味が際立った味わいを好む傾向がある。

4. 鍋に湯を沸かす。牛の肩ロース肉を1枚ずつ湯がく。

5. ④を氷水（分量外）にさらして冷やす。タマネギを敷いた皿に盛りつけ、パプリカ赤・黄とニンジン、万能ネギを飾り、③を器に注いで添える。

親子丼

ハラル対応 POINT
牛丼に並ぶ丼メニューの代表格である親子丼。調味料に酒とミリンを使用できないため、砂糖とハチミツを使って地の旨みを補うが、ハチミツは仕上げの直前に加えてその風味をしっかりと生かした。鶏肉はハラル対応のものを使用。大ぶりにカットして存在感を際立たせることでボリューム感を出している。

✕ ハラム 酒、ミリン
△ ハラム 鶏肉、カツオ節、醤油

＜材料＞（2人分）

煮干しのだし*1　適量
醤油*2　100ml
砂糖　60ｇ　塩　少量
タマネギ（くし形切り）
　1/2個分
鶏のモモ肉（一口大）*3
　200ｇ
ショウガ（すりおろし）5ｇ
ハチミツ*4　20ml
溶き卵　4個分
ご飯　440ｇ
青ネギ（ななめ切り）適量

ハラルCHECK！

*1 カツオ節は、かならずしもハラムではないが、日本特有の食材であるため、好意的に受けとめないムスリムもいる。ムスリムは干し魚をよく料理に使用するため、それに近い食材として煮干しを用いる。

*2 醤油は、原材料にアルコールを使用していないハラル対応のものを使用する。

*3 鶏肉は、ハラル認証を取得したものを使う。

*4 調味料に酒やミリンを使用できないため、ハチミツを加えて旨みを補う。

和食

＜つくり方＞

1. フライパンに煮干しのだし※を熱し、醤油、砂糖、塩を加えて混ぜ合わせる。

2. ①にタマネギを加えて強火で熱し、ひと煮立ちさせる。

3. ②に鶏のモモ肉を加える。

4. ③が沸騰したらアクを引き、中火で5分間煮る。

5. ④にショウガとハチミツを加えて、風味を高める。

6. ⑤に溶き卵を加える。蓋をし、火を止めて余熱で卵に火をとおす。

7. ⑥の卵が半熟になったら、ご飯をよそった器にのせる。青ネギをあしらう。

※67ページの工程1を参照

鶏の唐揚げ

ハラル対応 POINT
居酒屋の不動の人気商品である唐揚げは、比較的ハラル対応しやすいメニュー。通常、漬けだれに酒を用いて香りと旨みを加え、適度に水分を補うが、ここでは砂糖を使って旨みを補い、またあらかじめ水で溶いておいた衣を使い、鶏肉の表面をコーティングすることによって、ふっくらやわらかく仕上げる。

ハラム　酒、ミリン
ハラム　鶏肉、醤油、揚げ油

<材料>（2人分）

- 鶏のモモ肉 *1　1枚
- 砂糖 *2　10g
- 醤油 *3　5ml
- ニンニク（みじん切り）　5g
- ショウガ（すりおろし）　10g
- 塩　少量
- コショウ　適量
- 強力粉　20g
- 水　30ml
- 白絞油 *4　適量
- キャベツ（せん切り）　適量
- レモン（くし形切り）　適量

ハラルCHECK！

- *1 鶏肉は、ハラル認証を取得したものを使う。
- *2 調味料に酒やミリンを使用できないため、砂糖を加えて旨みを補う。
- *3 醤油は、原材料にアルコールを使用していないハラル対応のものを使用する。
- *4 ラードなど動物性の揚げ油ではなく、白絞油やサラダ油など、植物性の油を使う。

和食

<つくり方>

1. ボウルに8等分に切った鶏のモモ肉を入れ、砂糖と醤油を加えてもみ込む。

2. ①にニンニク、ショウガを加える。塩をふり、多めのコショウを加えて、鶏のモモ肉にしっかりもみ込む。

3. 別のボウルに強力粉と水を入れて溶く（揚げ衣）。

4. ②のボウルに③を入れ、鶏のモモ肉に揚げ衣をからめる。あらかじめ強力粉を溶いておくと鶏肉の表面がしっかりコーティングされて、ふっくらと揚げることができる。

5. 鍋に白絞油を180℃に熱し、④を6分間揚げる。器にキャベツ、レモンとともに盛りつける。

鯖の味噌煮

ハラル対応 POINT
サバの味噌煮はムスリムの嗜好に合った日本食といえる。サバはカレーの具材などによく用いられるムスリムにとってなじみの食材で、白味噌を使った甘口の味つけも甘みの強い味を求めるムスリムの好みにフィットする。ハラル対応の味噌を使用するとともに、ミリンが使えないぶん、仕上げにハチミツを加えて照りとコクを出す。

柴田書店 出版案内

食知力 ShiBaTa
書籍ムック 2016.11

〒113-8477
東京都文京区湯島3-26-9
イヤサカビル
● 問合せ 柴田書店営業部
TEL：03-5816-8282
http://www.shibatashoten.co.jp
◆本広告の価格は税別の定価表示です

介と肉のおいしさ倍増！ 野菜使いのテクニック

やさい割烹
本料理の「野菜が8割」テクニック

﨑 洋光（分とく山）
﨑 新太郎（青山えさき）　B5変型判 208頁（内カラー 168頁）
内 誠（旬菜おぐら家）　●定価：本体2,800円＋税

すりおろしたり、ソースにしたり…さまざまな技法で相性のよい野菜を組み合わせれば、高価な魚介や肉の量を抑えても、おどろくほど価値ある一品ができる。野菜のみでつくった料理と、たっぷりの野菜で魚介や肉の魅力を引き出した料理を166品紹介する。

パス＝小皿を使った
いしい＆キュートな表現バリエーション集

タパス360°
about small food

セ・バラオナ・ビニェス著
変型判 150頁（内カラー 124頁）
定価：本体2,500円＋税

大好評の既刊『ピンチョス360°』に続く第2弾。どんな料理も小皿に盛ればタパス。ピンチョス名人の著者が、スペインの伝統タパス料理を核にした味のバリエーションを紹介。しかも、見た目によりスマートに、キュートに。バルはもちろん、パーティーやケータリングで使える新アイディア満載。

超繁盛店の"味"が1冊に！

『賛否両論』笠原将弘の 味づくり虎の巻
だし・たれ・合わせ調味料275
＋便利な作りおき52 ＋活用料理121

笠原将弘著
A5判 288頁（内カラー256頁）
●定価：本体2,600円＋税

人気和食店『賛否両論』で使用している「だし」や「たれ」、「合わせ調味料」、作っておくと便利な「料理屋の作りおき」を多数紹介。笠原シェフが作りためたレシピを一挙に大公開していただいた。活用料理も充実の121品を紹介した決定版。

日本料理 野菜調理ハンドブック
基本の下処理・切り方・味つけ

奥田高光著　A5変型判 188頁（内カラー164頁）　●定価：本体2,200円＋税

調理次第で主役である魚介類を燻銀のごとく引き立てて料理の格を上げる名脇役の野菜。日本料理でよく使う野菜を季節で分類し、野菜ごとに相応しい下処理、料理に適した切り方、味つけの基本技術を丁寧に解説した野菜調理の決定版。
※2000年に発行した『野菜調理の基礎』を再編集してまとめたもの。

「おいしい」には理由がある。
研鑽会ではそこを明確にして、議論していきたいね。

料理のアイデアと考え方 2
9人の日本料理人、12の魚介の使い方を議論する

柴田日本料理研鑽会 川崎寛也 共著
B5変型判 オールカラー224頁　●定価：本体2,200円＋税

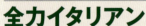

12種の魚介をテーマ食材とし、それらを使った料理の発想・調理・表現の方法を、9人の日本料理人が試作品を通じて座談会で議論する。月刊『専門料理』の人気連載「京料理のこころみ」の書籍化。野菜編に続く第2弾。

全力イタリアン
「ポンテベッキオ」が求める究極の味

山根大助著
B5変型判 128頁（内カラー64頁）　●定価：本体2,200円＋税

関西イタリア料理を牽引してきた「ポンテベッキオ」の30年分のスペシャリテをピックアップしてレシピとともに紹介し、その料理が生まれた背景を山根大助氏に語ってもらった。「山根イズム」とは何か。山根氏の言葉から、メニュー開発の糸口が見えてくる。

プロのための
洋菓子材料図鑑 vol.4

柴田書店MOOK
A4変型判 304頁（内カラー 296頁）
●定価：**本体3,000円＋税**

製菓業のプロ、パティシエの皆様の菓子作りに役立つ素材、器具、機器などの製品を紹介する材料カタログと、実力パティシエ、人気店による素材の使いこなしや最新技術を一冊に収録。5年ぶりの刊行となる今号では、材料カタログを大幅に増補しアップデート。

Bake Shop！ ベイクショップ！
10店の焼き菓子レシピと店づくり

柴田書店編　B5変型判 オールカラー 128頁　●定価：**本体2,000円＋税**

いま注目のベイクショップというスタイルの小さな菓子店。店頭に並ぶのは、焼きっぱなしでありながら、どこかしゃれた趣きのあるパウンドケーキ、マフィン、スコーン、クッキー、タルト、パイ、カップケーキなど。人気10店に取材し、各店の焼き菓子レシピと店づくりを紹介した開業希望者必読の1冊。

プロの
デザートコレクション
76店のスペシャルな172品

柴田書店編
B5変型判 272頁（内カラー 144頁）　●定価：**本体2,700円＋税**

仏、伊、日、中の各料理店、パティスリーなどによる印象的なデザートレシピを多数収録。多様なアプローチとアイデアを1冊にまとめた。また、パティスリーに教わるチョコレートの基本テクニック、様々な食感を演出できる凝固剤の使い分けについても併載。デザートの可能性が無限に広がるレシピ集。

安食雄二の
オリジナルスイーツ
AJIKI SWEETS WONDERLAND

安食雄二（スイーツガーデン ユウジアジキ）著
B5判 オールカラー 224頁
●定価：**本体4,200円＋税**

ヨーロッパの菓子文化、伝統菓子のすばらしさに敬意をはらいつつ、日本人としての味覚や日本で育まれた洋菓子文化も尊重し融合をはかる安食シェフのスイーツ109品を紹介。うち49品はレシピも開陳。

使えるレシピ シリーズ

人気シェフたちが、身近な食材を使って家庭でつくれる料理を紹介。
各巻：A5判 136頁〜 144頁　　●定価:本体1,300円+税

使えるたまごレシピ
ふわふわ、トロトロ、つるり、しっとり。
おつまみからデザートまで和・洋・中114品
野崎洋光、秋元さくら、有馬邦明、田村亮介共著

使える豆腐レシピ
豆腐・油揚げ・高野豆腐・湯葉・おから・豆乳で作る。
毎日食べたい和・洋・中・韓116品
笠原将弘、和知 徹、小林武志、金 順子共著

使える豚肉レシピ
薄切り肉も、厚切り肉も、塊肉、挽き肉もおまかせ。
和・洋・中100品
笠原将弘、音羽和紀、小林武志共著

使える鶏肉レシピ
部位別で使いやすい。和・洋・中100品
丹下輝之、濱崎龍一、五十嵐美幸共著

使える魚介レシピ
スーパーで買える魚介で作れる。和・洋・中106品
丹下輝之、日髙良実、菰田欣也共著

使える牛肉レシピ
スーパーの牛肉がそのまま使える。和・洋・中・韓90品
吉岡英尋、有馬邦明、菰田欣也、金 順子共著

使えるじゃがいもレシピ
煮ても、揚げても、炒めても。優秀素材をフル活用の和・洋・中105品
小泉功二、島田哲也、佐藤 護、五十嵐美幸共著

ご注文方法

①お近くの書店へご注文ください
②柴田書店カスタマーセンターへご注文ください
　TEL 048-989-6441　FAX 048-989-6443（営業時間 平日9:30 〜 17:30）
③インターネットより柴田書店へご注文ください
　小社ホームページ　URL http://www.shibatashoten.co.jp

②・③のお申込みに際しての注意事項

●ご注文は前金制になります。お支払方法はPay-easy（ペイジー）、代金引換、クレジットカード（インターネットからのご注文のみ）からお選びください。ただし定期購読のお申込みに際しては、Pay-easy（ペイジー）とクレジットカードのみとさせていただきます。　●Pay-easy（ペイジー）をご利用のお客様には払込票をお送りいたしますので、支払期日までにお近くのコンビニエンスストアや郵便局などからお振込みください。入金の確認が出来次第、商品を発送いたします。　●送料は一律（500円+税）ですが、一度のご注文で合計（本体2500円+税）以上ご購入いただいた場合は無料です。代金引換をご希望のお客様は別途（300円+税）の手数料が発生します。
●商品が品切れの場合もございます。あらかじめご了承ください。

<材料>（2人分）
サバ（半身）1切れ
水　200ml
砂糖　20g
ショウガ（薄切り）20g
白味噌 *1　100g
ハチミツ *2　10ml
醤油 *3　5ml
ショウガ（せん切り）　適量
キヌサヤ（塩茹で）　適量

ハラム 酒、ミリン　**ハラム** 味噌、醤油

ハラルCHECK！
*1 味噌は、原材料にアルコールなどを使用していないハラル対応のものを使用する。
*2 調味料に酒やミリンを使用できないため、ハチミツを加えて旨みを補う。
*3 醤油は、原材料にアルコールを使用していないハラル対応のものを使用する。

和食

<つくり方>

1. サバを半分に切り、30秒間湯通しして臭みを取り除く。

2. 鍋に水、砂糖、ショウガ（薄切り）を入れて熱する。

3. ②が沸騰したら①、水（分量外）で溶いた白味噌を加える。

4. ③にキッチンペーパーで落とし蓋をして弱火で7〜8分間煮る。

5. ④にハチミツを加えて照りを出し、醤油を加えてひと煮立ちさせる。皿にのせ、ショウガ（せん切り）をあしらってキヌサヤを添える。

カリフォルニア巻き
海老ツナ巻き

ハラル対応 POINT
和食を代表する料理としてムスリムにも人気が高いすしだが、酢飯に使う酢がハラムの調味料となる。ハラル対応の酢もあるが、ここでは入手しやすいレモン果汁を使って酢飯に仕立てた。また、太巻きの調味に用いるマヨネーズにも酢が使用されているため、豆腐とレモン果汁を組み合わせてすっきりとした味わいのマヨネーズを自家製した。

ハラム ガリ　**ハラム** 酢、海苔、マヨネーズ

＜材料＞

▼カリフォルニア巻き（2人分）
海苔*1 1枚　酢飯*2 180g
サーモン（拍子木切り）40g
アボカド（細切り）30g
タマネギ（スライス）5g
豆腐マヨネーズ*3 15g
サーモン（そぎ切り）8枚

▼海老ツナ巻き（2人分）
ツナ 80g　豆腐マヨネーズ 12g
海苔 1枚　酢飯 180g
レタス 2枚　エビ（茹でる）2本

ハラル CHECK！

*1 海苔は、製造工程でアルコール消毒などを施さないハラル対応のものを使用する。
*2 酢飯をつくる際の酢は、製造工程などに問題のないハラル認証を取得したものを使用するか、レモン果汁などで代用する。
*3 マヨネーズは、原材料に酢を使用しているため、ハラル認証を取得したものを使うか、酢を用いないマヨネーズを自家製する。

和食

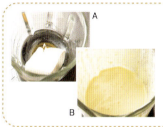

A
B

豆腐マヨネーズのつくり方

材料　豆腐（絹ごし）150g　　砂糖 10g
　　　　レモン果汁 1個分　　オリーブオイル 100ml
　　　　卵黄 3個分
　　　　塩 5g

つくり方
豆腐、レモン果汁、卵黄、塩、砂糖をミキサーに入れる（写真A）。
撹拌しながらオリーブオイルを少量ずつ加え、乳化させる（写真B）。

＜つくり方＞

1. カリフォルニア巻きをつくる。巻きすの上にラップ紙を敷き、海苔をのせて酢飯※を広げる。海苔を持ち上げて面を返す。

2. ①にサーモン（拍子木切り）、アボカド、タマネギを並べ、豆腐マヨネーズを塗って巻きすで巻く。

3. 巻きすのうえにラップを敷き、サーモン（そぎ切り）を並べる。巻きすで巻いて、5分間おく。

4. 海老ツナ巻きをつくる。ボウルにツナと豆腐マヨネーズを入れて混ぜ合わせる。

5. ①の要領で海苔の上に酢飯を広げ、レタス、④30g、エビを並べ、巻きすで巻いて5分間おく。③とともに食べやすい大きさに切って、皿に盛る。

※レモン果汁1個分、砂糖50g、塩少量をボウルで合わせ（A）、ご飯400gに A30gを少量ずつ加えて混ぜる。

肉じゃが

ハラル対応 POINT
日本の「お袋の味」の代表格である肉じゃが。当然、豚肉の使用は NG なので、牛肉を使用する。調味料として酒、ミリンが使用できないため、砂糖とハチミツをバランスよく加えることでこっくりとした味わいに仕上げている。牛肉はハラル対応のものを使うが、シラタキなどのコンニャク類も製造工程でアルコールを使用するため、ハラムの食材になることも押さえておきたい。

和食

＜材料＞（2人分）
タマネギ（くし形切り） 1/2個分
煮干しのだし*1 400ml
ニンジン（乱切り） 1/3本分
ジャガイモ 5個
シイタケ 5個
砂糖 20g 醤油*2 120ml
牛の肩ロース肉（薄切り）*3 150g
ハチミツ*4 10ml
ショウガ（すりおろし） 5g

ハラルCHECK！

*1 カツオ節はかならずしもハラムではないが、日本特有の食材であるため、好意的に受けとめないムスリムもいる。ムスリムは干し魚をよく料理に使用するため、それに近い食材として煮干しを用いる。
*2 醤油は、原材料にアルコールを使用していないハラル対応のものを使用する。
*3 牛肉は、ハラル認証を取得したものを使う。
*4 調味料に酒やミリンを使用できないため、ハチミツを加えて旨みを補う。
*5 コンニャクは、製造時にコンニャク粉をアルコール精製するため、使用する場合はハラム対応のシラタキや糸コンニャクを用いる。

✕ハラム：豚肉、酒、ミリン
ハラム：牛肉、カツオ節、醤油、シラタキ・糸コンニャク*5

＜つくり方＞

1. 鍋を中火で熱してタマネギをから煎りし、軽く焼き色をつける。

2. ①の鍋に煮干しのだし※を注いで強火で熱する。沸騰したらアクを引く。

3. ②にニンジン、ジャガイモ、シイタケを加え、だしに浸すように並べる。

4. ③に砂糖、醤油を加えてひと煮立ちさせる。

5. ④に牛の肩ロース肉を加える。ひと煮立ちさせたら、アクを引く。

6. ⑤にキッチンペーパーで落とし蓋をし、弱火で15分間煮る。

7. ⑥のジャガイモの火のとおり加減を確認し、火がとおったらハチミツとショウガを加える。鍋をあおって味をなじませて、器に盛る。

※67ページの工程1を参照

牛肉と野菜の醤油風味炒め

ハラル対応 POINT
中国料理の定番である肉野菜炒めをハラル対応の醤油を使って和風にアレンジ。中東諸国では甘み、辛みなど味つけがはっきりとした料理が好まれるため、酒やミリンを使わないぶん、砂糖を多めに加えて旨みを補うとともに甘口に仕上げた。また、ショウガとニンニクのみじん切りを合わせて風味に奥行きを出している。

ハラム 酒、ミリン ✕
ハラム 牛肉、醤油 △

＜材 料＞（2人分）

サラダ油　適量
ショウガ（みじん切り）5g
ニンニク（みじん切り）5g
タマネギ（薄切り）1/2個分
牛の肩ロース肉（薄切り）*1　150g
ニンジン（半月切り）1/4個分
パプリカ 赤・黄（細切り）各1/8個分
キャベツ（ざく切り）1/8個分
コショウ 少量　砂糖*2 10g
醤油*3 20ml　塩 適量

ハラルCHECK！

*1 牛肉は、ハラル認証を取得したものを使う。
*2 調味料に酒やミリンを使用できないため、砂糖を加えて旨みを補う。
*3 醤油は、原材料にアルコールを使用していないハラル対応のものを使用する。

＜つくり方＞

1. フライパンにサラダ油を中火で熱し、ショウガ、ニンニクを入れて香りを立たせる。

2. ①にタマネギを加え、強火で炒める。

3. ②のタマネギがしんなりしてきたら、牛の肩ロース肉を加え、ほぐしながら炒める。

4. ③の牛の肩ロース肉の色が変わったら、ニンジン、パプリカ赤・黄を加える。

5. ④にキャベツを加えて炒める。

6. ⑤にコショウ、砂糖を加えて炒める。火をとおしすぎず、野菜の食感を残すようにする。

7. ⑥の鍋肌に沿って醤油を加えて香りを立たせる。30秒間炒め合わせ、塩で味をととのえる。

金平牛蒡

ハラル対応 POINT
和惣菜の定番中の定番といえるきんぴらゴボウ。その甘辛い味つけを好むムスリムは多い。また、肉を使用していないので、ムスリムだけでなく、ベジタリアンなどにも訴求しやすいメニューでもある。ここでは、ハラル対応するために、酒やミリンの代わりにハチミツで甘みとコクを補っている。

<材料>(2人分)
ゴマ油　30ml
タカノツメ　2本
ゴボウ（ささがき）20cm分
ニンジン（ささがき）1/2本分
砂糖　20g
塩　少量
ハチミツ*1　10ml
醤油*2　20ml
煎りゴマ　少量

ハラル CHECK！
*1 調味料に酒やミリンを使用できないため、ハチミツを加えて旨みを補う。
*2 醤油は、原材料にアルコールを使用していないハラル対応のものを使用する。

ハラム 酒、ミリン　**ハラム** 醤油

和食

<つくり方>

1. フライパンにゴマ油とタカノツメを入れ、弱火で熱して油に香りと辛みを移す。

2. ①にゴボウ、ニンジンを加え、強火にして軽く炒める。

3. ②に砂糖、塩をふり、少量の水（分量外）を加えて味をなじませる。

4. ③をさらに強火で3分間炒めて水分をとばす。

5. ④にハチミツを加えてさらに1分間炒める。ハチミツを加えると焦げやすくなるため、仕上げる直前に加える。

6. ⑤の鍋肌に沿って醤油を注ぎ、香りを立たせて味をなじませる。器に盛って、煎りゴマをふる。

チキンハンバーグ

ハラル対応 POINT
洋食を代表する料理であるハンバーグだが、豚肉を含む合挽き肉は使用できないため、牛肉、もしくは鶏肉を用いることになる。ただし、ハラルに対応した挽き肉はほとんど流通していないので、店で肉を挽く必要がある。今回は、鶏のモモ肉を挽いて使用。味わいが淡泊なため、ニンニク、ショウガ、オレガノといった香味野菜や、スパイスを加えることによって風味豊かに仕上げている。

❌ ハラム 合挽き肉、デミグラスソース*2
❌ ハラム 鶏肉

＜材料＞（1人分）

鶏の挽き肉*1　180g
タマネギ（みじん切り）　30g
ニンニク（みじん切り）　2g
ショウガ（すりおろし）　5g
塩　2.5g
コショウ　少量
オレガノ　少量
サラダ油　適量
トマトソース　適量
ニンジン（塩茹で）適量
インゲン（塩茹で）適量

ハラル CHECK！

*1　ハラル認証を取得した鶏の挽き肉はほとんど流通していないため、ハラル対応の鶏のモモ肉をフードプロセッサーにかけて挽き肉にする。
*2　デミグラスソースは材料に赤ワインを含むため、使用できない。ここではトマトソースを用いた。

洋食

＜つくり方＞

1. ボウルに鶏の挽き肉を入れ、タマネギ、ニンニク、ショウガ、塩、コショウ、オレガノを加える。

2. ①を混ぜ合わせ、粘りが出るまで手早くこねる。

3. ②を両手の手のひらを行き来させて空気をぬきながら、厚さ2cm程度の小判形に成形する。

4. フライパンにサラダ油を中火で熱し、③を入れる。

5. ④の面を返し、両面に焼き色をつける。

6. ⑤をフライパンごと280℃に熱したオーブンに入れ、中心に火が入るまで4分間加熱する。皿に盛ってトマトソース※をかける。ニンジンとインゲンを添える。

※103ページの工程1～3を参照

チキンカツレツ
2種のソース添え

ハラル対応 POINT
とんかつはもちろんハラムの料理となるが、チキンカツであっても市販のパン粉はハラムの食材となるため、注意が必要。ハラル認証を受けた米粉パンで自家製する生パン粉は焦げやすいので、鶏肉は薄く開いて揚げ時間を短縮。米粉の生パン粉は揚げると独特の香ばしさが引き立ち、ガリッとした食感に仕上がる。

＜材料＞（2人分）
米粉パン *1　50g
鶏のモモ肉 *2　1枚
塩　少量
コショウ　少量
強力粉　適量
溶き卵　1個分
サラダ油 *3　適量
トマトソース　適量
バジルソース　適量

ハラム 豚肉、ラード、とんかつソース、ウスターソース *4　　**ハラル** 鶏肉、パン

ハラル CHECK！

- *1　パンは、イースト菌やショートニングなどを使用していないハラル対応のものを使う。
- *2　鶏肉は、ハラル認証を取得したものを使う。
- *3　ラードなど動物性の揚げ油ではなく、サラダ油や白絞油など、植物性の揚げ油を使う。
- *4　市販のとんかつソースやウスターソースは原材料に醸造酢や添加物、アルコールが含まれているため、使用できない。

洋食

＜つくり方＞

1. 米粉パンを適宜の大きさにちぎり、フードプロセッサーにかけて粗めの生パン粉にする。

2. 鶏のモモ肉は厚みがあるところに切り込みを入れ、均一の厚さになるように開く。二等分に切って、塩、コショウで下味をつける。

3. ②に強力粉をまぶし、余分な粉をはたいて溶き卵にくぐらせる。生パン粉の粒子が粗いため、溶き卵は多めにからませておく。

4. ③に①をまぶす。揚げたときに衣がはがれやすいので、鶏のモモ肉にしっかり押しつける。

5. 鍋にサラダ油を180℃に熱し、④を入れて2～3分間揚げる。米粉の生パン粉は焦げやすいので、揚げすぎに注意する。

6. ⑤がキツネ色になったら、鍋から引き上げる。食べやすいサイズに切って、トマトソース *1 を敷いた皿に盛りつける。バジルソース *2 を流す。

※1　103ページの工程1～3を参照　※2　バジル、ニンニク、松の実、塩、パルメザンチーズ、オリーブ油を合わせ、ミキサーにかけて撹拌する

チキンのミートソーススパゲッティ

ハラル対応 POINT
赤ワインを用いたデミグラスソースとそれに合わせる豚の挽き肉。ミートソースは、基本の2つの要素がハラムとなるため、レシピの大幅な改良が必要となる。ここでは、鶏の挽き肉をベースとし、大量のタマネギ、ニンジンを使って野菜の旨みを引き出した。さらにスパイス4種を合わせて風味に奥行きを出し、乳製品をバランスよく配合することで、コク豊かな仕上がりとした。

ハラム
デミグラスソース*2、
豚の挽き肉

ハラム
鶏肉

<材料>（つくりやすい分量）
オリーブ油　適量
カルダモン　適量　クローヴ　適量
シナモン　適量　ローリエ　適量
ニンニク（みじん切り）　5g
タマネギ（みじん切り）　200g
ニンジン（みじん切り）　200g
鶏の挽き肉*1　200g
ホールトマト　200g
生クリーム 200ml　牛乳 200ml
粉チーズ 20g　コショウ 少量
塩 少量　スパゲッティ 80g
（1人分の分量）ベビーリーフ 適量

ハラルCHECK！

*1　ハラル認証を取得した鶏の挽き肉はほとんど流通していないため、ハラル対応の鶏のモモ肉をフードプロセッサーにかけて挽き肉にする。

*2　デミグラスソースは材料に赤ワインが含まれ、ミートソースには使用できない。

洋食

<つくり方>

1. フライパンにオリーブ油を弱火で熱し、カルダモン、クローヴ、シナモン、ローリエを入れる。

2. ①にニンニクを加え、香りを立たせる。

3. ②にタマネギ、ニンジンを加え、中火で5分間炒めて野菜の水分をとばす。

4. ③に鶏の挽き肉を加え、さらに5分間炒める。

5. ④に手でつぶしたホールトマトを加え、10分間炒めて水分をとばす。

6. ⑤に生クリーム、牛乳を加える。強火で煮立たせたら、2/3量になるまで弱火で煮詰める。

7. ⑥に粉チーズ、コショウを加え、軽く混ぜ合わせたら塩で味をとのえる。すぐに使わない場合は、粗熱をとってから冷凍して保存する。

8. フライパンに⑦200gを入れて熱し、塩湯で茹でたスパゲッティとその茹で汁（分量外）を加えて軽く混ぜ合わせる。器に盛って、ベビーリーフを飾る。

ビーフカレー

ハラル対応 POINT
カレーは東南アジアをはじめとするイスラム諸国でも食べられているが、ビーフカレーに代表される欧風カレーや、いわゆる「日本のカレー」には、赤ワインや市販のカレールウなど、ハラムの要素が多い。そこで4種のスパイスをじっくり煮込んで深い風味を引き出し、そこにパウダーのスパイス5種を合わせて鮮烈な辛みと風味をプラス。スパイスの巧みな配合によって、香りと味に奥行きを出した。

ハラム
赤ワイン、カレールウ、
福神漬け＊2

ハラム
牛肉、
カレー粉＊3

＜材料＞（4人分）
サラダ油　適量　カルダモン、クローヴ、シナモン、ローリエ　各適量
ショウガ（みじん切り）10g
ニンニク（みじん切り）5g
タマネギ（スライス）500g
ガラムマサラ、クミン、コリアンダー　各20g　ターメリック　10g
チリペッパー　5g（すべてパウダー）
トマト（みじん切り）1個分
牛のスネ肉＊1（一口大）500g
湯　1500ml
ニンジン（乱切り）150g
ジャガイモ（乱切り）250g
塩　少量　コショウ　少量

ハラルCHECK！
＊1　牛肉は、ハラル認証を取得したものを使う。
＊2　一般的な市販の福神漬けは、ミリンやハラル非対応の醤油などが原材料に含まれているため、使用できない。今回はマンゴーを青トウガラシなどと一緒に漬け込んだハラルに対応したミックスピクルスを使用。
＊3　一般的な「カレー粉」には、原材料に微量のラードを含むことがあるので注意が必要。

洋食

＜つくり方＞

1. 鍋にサラダ油、スパイス類を入れ、中火で熱してスパイスの香りを油に移す。

2. ①にショウガ、ニンニクを加えて炒める。

3. ②の香りが立ってきたら、タマネギを加え、弱火で10分間程度、焼き色がつくまで炒める。

4. ③にスパイス類を加える。

5. ④にトマトを加え、中火で3分間炒めて水分をとばす。

6. ⑤に牛のスネ肉を加え、肉の表面に焼き色をつける。

7. ⑥に湯を注ぐ。1/3量になるまで中火で40分間煮詰める。

8. ⑦にニンジン、ジャガイモを加え、塩、コショウで味をととのえる。

9. ⑧を、弱火で10分間加熱する。器に盛ってミックスピクルスを添えたご飯（ともに分量外）と一緒に提供する。

ラムのロールキャベツ

ハラル対応 POINT
鶏の挽き肉よりも入手しやすいハラル対応の仔羊の挽き肉を合挽き肉の代わりに使用。羊肉は脂身に特有の臭いがあるため、たねとスープの両方にスパイスを合わせてそのクセを軽減。ただし、スパイスの使用量を控えめにし、ハラル対応のブイヨンを使ったスープにトマトの酸味を生かしてキャベツの甘みが引き立つ仕上がりとした。

❌ ハラム 合挽き肉　△ ハラム 羊肉、ブイヨン

<材料>

▼ロールキャベツのたね（10人分）
カルダモン、クローヴ、シナモン、ローリエ　各適量
仔羊の挽き肉＊1　500ｇ
タマネギ、ニンジン（みじん切り）各250ｇ
塩　少量　コショウ　少量

▼ロールキャベツ（3人分）
キャベツ 6枚　サラダ油　適量
カルダモン、クローヴ、シナモン、ローリエ　各適量
ショウガ（みじん切り）5ｇ
ニンニク（みじん切り）3ｇ
タマネギ（スライス）50ｇ
水　800ml
トマト（粗みじん切り）50ｇ
ビーフスタイルブイヨン＊2　20ｇ

ハラル CHECK！

＊1 仔羊肉はハラル認証を取得したものを使う。ハラルに対応した仔羊や羊の挽き肉は比較的、入手しやすい。

＊2 動物性原材料（牛肉、豚肉など）を使わずに製造されたハラル対応のブイヨンを使用する。

洋食

<つくり方>

1. ロールキャベツのたねをつくる。カルダモン、クローヴ、シナモン、ローリエは麺棒で叩いて細かくつぶす。

2. ボウルに仔羊の挽き肉、タマネギ、ニンジン、①、塩、コショウを入れ、粘りが出るまでしっかりと練り合わせる。

3. 軽く湯通ししたキャベツで②50ｇを包み、とじ目をつまようじでとめる。

4. 鍋にサラダ油を熱し、カルダモン、クローヴ、シナモン、ローリエをホールのまま加える。弱火で熱して香りを油に移す。

5. ④にショウガ、ニンニクを加える。香りが立ったらタマネギを入れ、タマネギがしんなりするまで中火で1分間炒める。

6. ⑤に水、トマト、ビーフスタイルブイヨンを加え、強火で熱する。煮立ったら、アクを引く。

7. ⑥に③を並べて入れる。キッチンペーパーで落とし蓋をし、中火で15分間煮る。

8. ⑦のロールキャベツに火が入ったら、スープと一緒に器に盛る。

スパゲッティ ボンゴレ・ビアンコ

ハラル対応 POINT

ボンゴレ・ビアンコはアサリの白ワイン蒸しがベースとなるパスタ料理だけに、白ワインが使えないぶん、その酸味と風味をどう補うかが鍵となる。今回はさわやかな酸味をもつライム果汁を仕上げに加えたうえ、生のライムも添えて爽快感あふれる一品に仕上げた。

ハラム 白ワイン

＜材料＞（2人分）

オリーブ油　適量
ニンニク（粗みじん切り）2片分
タカノツメ　2本
アサリ　300g
水　200ml
塩　適量
スパゲッティ　160g
ライム果汁*1　1/2個分
コショウ　少量
イタリアンパセリ　適量
ライム（くし形切り）2個

ハラルCHECK！

*1　ワインを使用できないため、仕上げにライム果汁とオリーブ油を加えて酸味を補う。

洋食

＜つくり方＞

1. フライパンにオリーブ油を弱火で熱し、ニンニク、タカノツメを加えて香りを立たせる。

2. ①にアサリを加え、中火で軽く炒め合わせて油を全体に絡める。

3. ②に水を注ぎ、塩をふる。水分をとばしながら、強火で3分間煮る。

4. ③の水分が1/2量になったら、塩湯で茹でたスパゲッティを加えてアサリに絡ませる。必要であれば茹で汁（分量外）を加える。

5. ④のコンロの火を消し、ライム果汁、オリーブ油15mlを加える。塩、コショウで味をととのえる。

6. ⑤にきざんだイタリアンパセリを加え、全体をなじませて皿に盛る。ライムを添える。

ビーフシチュー

ハラル対応 POINT

洋食店の定番メニューであるビーフシチューだが、濃厚なコクを醸すデミグラスソースと赤ワインはハラムの食材であり、使用できない。生クリームでコクを補い、キャラメリゼした黒糖とコーヒーを合わせて深みをプラス。さらにトマトもピュレよりも味わいが濃厚なハラル対応のケチャップを合わせて、赤ワインを使っていないことを感じさせない風味豊かな一品に仕上げた。

✗ ハラム
デミグラスソース*3、
赤ワイン

✗ ハラム
牛肉、
トマトケチャップ

<材料>（4人分）

サラダ油　適量
ニンニク（みじん切り）10g
ショウガ（みじん切り）10g
カルダモン、クローヴ、
シナモン、ローリエ　各適量
タマネギ（薄切り）400g
牛のモモ肉（一口大）*1　400g
マッシュルーム（薄切り）8個分
トマトケチャップ*2　60ml
水 1000ml
ニンジン（乱切り）60g
黒糖 30g　ハチミツ 20ml
コーヒー 120ml　塩　少量
コショウ　少量
ブロッコリー（一口大）60g
生クリーム 100ml

ハラルCHECK！
*1 牛肉は、ハラル認証を取得したものを使う。
*2 トマトケチャップは、原材料に醸造酢などを使用していないハラル対応のものを使用する。
*3 赤ワインを用いるデミグラスソースは使用できない。

洋食

<つくり方>

1. フライパンにサラダ油を熱し、ニンニク、ショウガ、カルダモン、クローヴ、シナモン、ローリエを入れて炒める。

2. ①の香りが立ったらタマネギを加え、弱火で20分間、アメ色になるまで炒める。

3. ②に牛のモモ肉、マッシュルームを加え、中火で炒めて肉の表面に軽く焼き色をつける。

4. ③にトマトケチャップを加え、全体になじませる。

5. ④に水を注ぎ、1/2量になるまで中火で40分間煮詰める。

6. ⑤にニンジンを加え、やわらかくなるまで8分間加熱する。

7. フライパンに黒糖を入れ、弱火で熱してキャラメリゼする。

8. ⑥に⑦、ハチミツ、コーヒー、塩、コショウを加え、ひと煮立ちさせる。

9. ⑧に下茹でしたブロッコリー、生クリームを加え、ひと煮立ちさせる。器に盛る。

ナン生地のビスマルク

ハラル対応 POINT
ピッツァは、サラミやベーコンといった豚肉製品を除けば、もともとハラルに対応していることが多いが、注意すべきは生地。アルコール発酵するインスタントドライイーストを使用できないため、ベーキングパウダーで発酵させたナンの生地をピッツァ生地に応用した。通常のピッツァ生地と同じようにふっくら、モチモチとした食感に仕上がり、加えて後口にほんのりとした甘い風味が残るのが特徴だ。

✕ ハラム　インスタントドライイースト
✕ ハラム　ソーセージ

<材料>

▼トマトソース（つくりやすい分量）
サラダ油　50ml
ニンニク（みじん切り）10g
タマネギ（みじん切り）250g
ホールトマト　250g
水　50ml　塩　少量

▼ナン生地のビスマルク（1枚分）
ナン生地　250g
ミックスチーズ　50g
チキンソーセージ*1（スライス）35g
パプリカ赤・黄（細切り）各1/8個分
温泉玉子　1個
バジル　1枚

ハラル CHECK！

*1 ソーセージは、ハラル認証を取得したチキンソーセージを使用する。

*2 イースト菌はアルコール発酵するために使用できない。ハラルの素材であるベーキングパウダーで生地を発酵させる。

洋食

ナン生地のつくり方

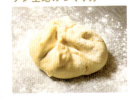

材料（約5枚分）
全卵　2個　　水　200ml　　牛乳　100ml　　砂糖　200g
塩　10g　　ベーキングパウダー*2　20g　　強力粉　1000g　　サラダ油　20ml

作り方
ボウルに強力粉とサラダ油以外の材料を入れ、泡立て器で混ぜ合わせる。強力粉を加えてこね、生地がまとまったらサラダ油を加えてさらにこねる。ラップをかけて常温で2時間発酵させてから250gずつに分割し、冷蔵庫で保管する。

<つくり方>

1. トマトソースをつくる。鍋にサラダ油を中火で熱してニンニクを炒める。

2. ①の香りが立ったらタマネギを加え、弱火で5分間炒める。

3. ②にミキサーにかけたホールトマト、水を加え、水分が2/3量になるまで弱火で30分間煮詰める。塩で味をととのえる。

4. 台に打ち粉（分量外）をふり、ナン生地を麺棒を使って直径25cm、厚さ3mm程度にのばす。

5. ④に③100gを塗り、ミックスチーズ、チキンソーセージ、パプリカ赤・黄を並べる。

6. ⑤を350℃に熱したオーブンで2分間焼き、皿に盛る。温泉玉子とバジルをトッピングする。

エビとマッシュルームのアヒージョ

ハラル対応 POINT
ニンニクで風味づけしたオリーブ油を下地とし、エビやマッシュルームなど、具材も魚介や野菜が中心となるアヒージョのレシピは、もともとハラルといえる。ただ、ワインのアテとして提供することはできないので、ここではハラル対応のバゲットを添えた。

<材料>（2人分）
エビ 5尾
マッシュルーム 5個
ニンニク 3片
オリーブ油 適量
バゲット＊1（スライス）5枚
バジルソース 少量

ハラルCHECK！
＊1 バゲットは、イースト菌を使用していないハラル対応のものを使う。

ハラム パン

洋食

<つくり方>

1. エビの頭を取り、殻を剥いて背わたを取り除く。マッシュルームを縦に3等分にし、ニンニクを包丁の腹を使ってつぶす。

2. フライパンにオリーブ油を弱火で熱し、①のエビの頭を加える。5分間炒めてエビの風味を油に移す。

3. バゲットをオーブンで焼き、表面に焼き色をつける。小麦の風味を残すために、焼きすぎないようにする。

4. 別のフライパンを中火で熱し、①のニンニクを軽くから煎りして香りを立てる。

5. ④にオリーブ油100mlを注ぎ、ニンニクが色づいたら、マッシュルームを加えて1分間加熱する。

6. ⑤に①のエビを加え、さらに1分間加熱する。

7. 仕上げにバジルソース※と②の油少量を風味づけに加える。器に盛り、バゲットを添える。

※91ページを参照

鶏肉餃子

ハラル対応 POINT

ラーメン店や居酒屋の人気商品である餃子は、訪日ムスリムにも非常に人気の高いメニューの一つ。ここでは挽き肉は豚肉の代わりにハラル対応の鶏肉を使用し、具材にゴマ油を合わせて風味を高めた。また、既製の餃子の皮は保存期間をのばすためにアルコールを加えるものが多いので、皮を手づくりしてもっちりとした食感に。

| ハラム | 豚肉、酒 | ハラム | 鶏肉、餃子の皮、醤油、酢 |

<材料>

▼餃子の皮 *1 （つくりやすい分量）
強力粉 200g　水 100ml
塩 少量

▼鶏肉餃子 （約20個分）
鶏の挽き肉 *2 200g
キャベツ（みじん切り） 200g
ニンニク、ショウガ（各みじん切り）
各10g　塩 少量
コショウ 少量　ゴマ油 適量
サラダ油、水 各適量

▼鶏肉餃子のたれ
醤油 *3、酢 *4、ラー油 各適量

ハラルCHECK！

*1 既製の餃子の皮は、原材料にアルコールが含まれているものが多いので、自家製するのが望ましい。
*2 日本ではハラル認証を取得した鶏の挽き肉がほとんど流通していないため、ハラル対応の鶏のモモ肉をフードプロセッサーにかけて挽き肉にする。
*3 醤油は、原材料にアルコールを使用していないハラル対応のものを使用する。
*4 酢は、ハラル認証を取得したものを使用する。

中華

<つくり方>

1. 餃子の皮をつくる。ボウルに強力粉、水、塩を入れてこねる。生地をまとめて適宜の大きさに分割し、常温で15分間おく。

2. ①を太さ1.5cmの棒状に成形してから、15gずつに分割し、麺棒で直径10cm、厚さ2mmの円形にのばす。

3. 別のボウルに鶏の挽き肉、キャベツ、ニンニク、ショウガ、塩、コショウ、ゴマ油10mlを入れ、しっかりと粘りが出るまで混ぜ合わせる。

4. ②の皮の中央に③25gをのせ、縁をとじて餃子形に成形する。

5. フライパンにサラダ油を中火で熱する。④を並べて、1分間焼く。

6. ⑤の下の面に軽く焼き色がついたら水を注ぐ。蓋をして3分30秒間焼く。

7. ⑥にゴマ油適量をまわしかける。皿に盛り、醤油、酢、ラー油を合わせたたれと一緒に提供する。

仔羊肉の回鍋肉

ハラル対応 POINT

回鍋肉は日本でもおなじみのメニューだが、豚肉はもちろん、市販の甜麺醤や豆瓣醤などの中華調味料も原材料にアルコールが含まれることが多いため、使用できない。そこで、ハラルに対応したオイスターソース、味噌、醤油を組み合わせて回鍋肉の風味を再現。濃厚な合わせ調味料は、豚肉の代わりに用いた仔羊肉とも好相性だ。

✕ ハラム　豚肉、酒
△ ハラム　仔羊肉、オイスターソース、豆瓣醤、甜麺醤、味噌、醤油

<材料>（2人分）

オイスターソース＊1　20ml
味噌＊2　20g　　醤油＊3　5ml
水　30ml　　サラダ油　適量
ニンニク（みじん切り）　3g
ショウガ（みじん切り）　6g
タマネギ（くし形切り）　80g
ニンジン（細切り）　20g
ピーマン（細切り）　20g
パプリカ赤・黄（細切り）各20g
仔羊のロース肉（薄切り）＊4　200g
キャベツ（ざく切り）　200g
水溶き片栗粉　適量　　塩　少量
コショウ　少量　　ゴマ油　適量

ハラルCHECK！

＊1　オイスターソースは、原材料にアルコールなどを使用していないハラル対応のものを使用する。
＊2　味噌は、原材料にアルコールを使用していないハラル対応のものを使用する。
＊3　醤油は、原材料にアルコールを使用していないハラル対応のものを使用する。
＊4　仔羊肉は、ハラル認証を取得したものを使う。

中華

<つくり方>

1. ボウルにオイスターソース、味噌、醤油、水を入れて混ぜ合わせる。

2. フライパンにサラダ油を強火で熱し、ニンニク、ショウガを炒めて香りを立たせる。

3. ②にタマネギ、ニンジン、ピーマン、パプリカ赤・黄を加え、しんなりするまで炒める。

4. ③に仔羊のロース肉を加え、さらに1分間炒めて肉に焼き色をつける。

5. ④にキャベツを加え、歯ごたえが残るようにさっと炒める。

6. ⑤に①を加えて手早く炒める。

7. ⑥に水溶き片栗粉を加えてなじませ、とろみをつける。

8. 塩、コショウで⑦の味をととのえる。香りづけにゴマ油をまわしかけて、皿に盛る。

鶏肉の麻婆豆腐

ハラル対応 POINT
中華調味料の既製品は、保存用にアルコールなどが使用されているため、豆瓣醤もハラル対応の味噌などを使って自家製する必要がある。ハラムの食材である豚の挽き肉の代わりに鶏の挽き肉を使用。味わいが淡泊なため、自家製豆瓣醤、山椒、七味唐辛子、ラー油といった香辛料や調味料を組み合わせて香味豊かな仕立てに。

ハラム ✕ 酒　ハラム △ 豆瓣醬、味噌、鶏肉、醤油

<材料>
▼豆瓣醬 ＊1（つくりやすい分量）
ニンニク、ショウガ（各みじん切り）
　各30ｇ　タカノツメ 40ｇ
　砂糖 20ｇ　白味噌＊2　60ｇ
　水 50ml

▼鶏肉の麻婆豆腐（2人分）
ゴマ油　適量　ニンニク、
ショウガ（各みじん切り）各5ｇ
鶏の挽き肉＊3　100ｇ
醤油＊4　5ml　水　150ml
豆腐（木綿・さいの目切り）150ｇ
山椒（粗みじん切り）適量
七味唐辛子　適量
長ネギ（みじん切り）1本分
ラー油　5ml　水溶き片栗粉　適量
ゴマ油　適量

ハラルCHECK！
＊1　既製の豆瓣醬は、原材料にアルコールなどが含まれるため、使用できない。
＊2　味噌は、原材料にアルコールを使用していないハラル対応のものを使用する。
＊3　ハラル認証を取得した鶏挽き肉は日本ではほとんど流通していないため、ハラル対応の鶏モモ肉をフードプロセッサーにかけて挽き肉にする。
＊4　醤油は、原材料にアルコールを使用していないハラル対応のものを使用する。

中華

<つくり方>

1. 豆瓣醬をつくる。フードプロセッサーにニンニク、ショウガ、タカノツメ、砂糖、白味噌、水を入れて、ペースト状になるまでまわす。

2. フライパンにゴマ油を中火で熱し、ニンニク、ショウガを炒めて香りを立たせる。

3. ②に鶏の挽き肉を加えて炒める。

4. ③の鶏の挽き肉の色が変わったら①30ｇを加え、さらに炒める。

5. ④に醤油と水を加え、沸騰したら豆腐を入れて、2分間煮詰めて水分をとばす。

6. ⑤に山椒、七味唐辛子、長ネギ、ラー油を加えてさっと炒める。水溶き片栗粉を加えてとろみをつけ、ゴマ油をまわしかけて器に盛る。

鰯餃子

ハラル対応 POINT
豚肉の代わりにハラルの食材である魚介を使った餃子。白身魚は味わいが淡泊なため、イワシやアジなど青魚のほうが餃子の具材に向く。ターメリック、コリアンダー、クミン、チリペッパーをイワシのミンチに合わせ、青魚の独特の風味を引き立てた。スパイスを利かせているので、レモンを搾るだけでもおいしく食べられる。

ハラム 酒、豚肉　ハラム 醤油、餃子の皮

＜材料＞（約20個分）
イワシ（ミンチ）200g
キャベツ（みじん切り）200g
ニンニク（みじん切り）10g
ショウガ（みじん切り）10g
塩 少量　コショウ 少量
ターメリック（パウダー）20g
コリアンダー（パウダー）20g
クミン（パウダー）10g
チリペッパー（パウダー）5g
餃子の皮*1 20枚
サラダ油 適量
水 100ml
レモン（くし形切り）適量
ミニトマト 適量
醤油*2 適量　ラー油 適量

ハラルCHECK！
*1 既製の餃子の皮は原材料にアルコールが含まれているものが多いので、自家製するのが望ましい。
*2 醤油は、原材料にアルコールを使用していないハラル対応の製品を使用する。

中華

＜つくり方＞

1. ボウルにイワシ、キャベツ、ニンニク、ショウガ、塩、コショウ、ターメリック、コリアンダー、クミン、チリペッパーを入れる。

2. ①をさっくりと混ぜ合わせる。焼き上がりの食感が悪くなるため、あまり練りすぎないようにする。

3. 餃子の皮※の中央に②25gをのせ、縁をとじて餃子形に成形する。

4. フライパンにサラダ油を中火で熱する。③を並べて、1分間焼く。

5. ④の下の面に軽く焼き色がついたら水を注ぐ。蓋をして3分30秒間焼く。

6. ⑤の餃子の中心まで火が入ったら、仕上げにサラダ油をまわしかけて皮をパリッと焼き上げる。器に盛ってレモン、ミニトマトを添え、醤油、ラー油を入れた皿と一緒に提供する。

※107ページの工程1、2を参照

仔羊肉の水餃子

ハラル対応 POINT

比較的手に入りやすいハラル対応の仔羊の挽き肉を使った水餃子。羊肉独特の臭いを抑えるため、餡にシナモン、カルダモンなど4種のスパイス、スープにもターメリック、クミンなど4種のスパイスを使用。また、スープには、グルタミン酸が豊富なトマトを使って旨みを加えつつ、さっぱりスパイシーに仕上げた。

ハラム 豚肉、酒
ハラム 仔羊肉、餃子の皮

<材料>

▼仔羊肉の水餃子（約10個分）
カルダモン 適量　クローヴ 適量
シナモン 適量　ローリエ 適量
仔羊の挽き肉 250g
タマネギ（みじん切り）50g
ニンニク（みじん切り）10g
ショウガ（みじん切り）10g
塩 少量　コショウ 少量
餃子の皮 10枚
▼トマトスープ（つくりやすい分量）
サラダ油 適量
ニンニク（みじん切り）5g
ショウガ（みじん切り）5g
ミニトマト（四つ切り）15個分
コリアンダー、クミン 各20g
ターメリック 10g
チリペッパー 5g（すべてパウダー）
塩 少量　水 500ml
パクチー（きざむ）適量

> **ハラルCHECK！**
> ＊1 仔羊肉は、ハラル認証を取得したものを使う。羊肉は、鶏肉よりもハラル対応の挽き肉が手に入りやすい。

中華

<つくり方>

1. カルダモン、クローヴ、シナモンを麺棒で砕き、ローリエと一緒に包丁でさらに細かくきざむ。

2. ボウルに仔羊の挽き肉、タマネギ、ニンニク、ショウガ、塩、コショウ、①のスパイスを入れる。

3. ②を粘りが出るまでしっかりと混ぜ合わせる。

4. 餃子の皮の中央に③25gをのせ、縁をとじて餃子形に成形する。

5. トマトスープをつくる。鍋にサラダ油を中火で熱し、ニンニク、ショウガを炒める。

6. ⑤の香りが立ったら、ミニトマトを加えて1分間炒める。

7. ⑥にコリアンダー、クミン、ターメリック、チリペッパーを加える。塩をふる。

8. ⑦に水を注ぎ、沸騰したら④を加える。

9. ⑧を中火で5分間茹でる。仕上げにパクチーを加えて、器に盛る。

※107ページの工程1、2を参照

鶏肉焼きそば

ハラル対応 POINT
大衆料理としておなじみのソース焼きそばだが、既製の中華麺はアルコール、焼きそば用のソースは酢が使用されていることが多い。そこで、ソースはハラル対応のオイスターソースで代用。肉も豚肉ではなく、鶏肉を使用する。ソースが使えないぶん、ハチミツで旨みを補うとともに、ガラムマサラを加えてスパイシーな風味を加えた。

ハラム
豚肉、
ソース、
紅ショウガ

ハラム
蒸し麺、
鶏肉、
オイスターソース、
醤油

＜材料＞（2人分）
サラダ油　適量
ショウガ（みじん切り）　6g
ニンニク（みじん切り）　3g
鶏のモモ肉 *1（細切り）　100g
タマネギ（くし形切り）　40g
ニンジン（半月切り）　10g
ピーマン（細切り）　10g
キャベツ（ざく切り）　100g
焼きそば用蒸し麺 *2　240g
水　適量
オイスターソース *3　20ml
ガラムマサラ　3g
塩　少量　コショウ　少量
醤油 *4　5ml　ハチミツ　10ml
ショウガ（せん切り）*5　適量

ハラル CHECK！
*1　鶏肉は、ハラル認証を取得したものを使う。
*2　蒸し麺は、原材料にアルコールが含まれてないハラル対応のものを使用する。
*3　オイスターソースは、原材料にアルコールなどを使用していないハラル対応のものを使用する。
*4　醤油は、原材料にアルコールを使用していないハラル対応のものを使用する。
*5　紅ショウガにはハラムである酢が使用されていることが多いため、代わりに生のショウガを使う。

中華

＜つくり方＞

1. フライパンにサラダ油を強火で熱し、ショウガ、ニンニク、鶏のモモ肉を入れて、鶏のモモ肉に8割程度火が入るまで炒める。

2. ①にタマネギ、ニンジン、ピーマンを加え、1分間炒める。

3. ②にキャベツを加え、さらに1分間炒める。

4. ③に焼きそば用蒸し麺を加え、水で麺をほぐしながら炒める。

5. ④の麺がほぐれたら、オイスターソース、ガラムマサラを加え、塩、コショウをふって1分間炒める。

6. ⑤に醤油、ハチミツを加えてなじませる。器に盛り、ショウガをあしらう。

仔羊炒飯

ハラル対応 POINT
チャーシューの代わりに仔羊肉を使って五目炒飯をつくった。仔羊肉は、ガラムマサラと醤油で強めに下味をつけてから、表面に十分に焼き色をつけてスパイシーな風味をまとわせた。調味は、塩、コショウのほかにハラル対応のブイヨンで味の深みを増すとともに、仕上げに醤油をまわしかけて香ばしく仕上げている。

✗ ハラム
チャーシュー、
ラード、酒

△ ハラム
仔羊肉、ブイヨン、
醤油

＜材料＞（2人分）

仔羊の肩ロース肉（角切り）＊1
　100ｇ
ガラムマサラ　3ｇ　醤油＊2　適量
サラダ油　適量　溶き卵　2個分
タマネギ（粗みじん切り）100ｇ
ニンニク（みじん切り）　3ｇ
ショウガ（みじん切り）　6ｇ
ニンジン（小角切り）　80ｇ
ご飯　400ｇ
ビーフスタイルブイヨン＊3　20ｇ
塩　少量　コショウ　少量
長ネギ（みじん切り）20ｇ

ハラルCHECK！

＊1 仔羊肉は、ハラル認証を取得したものを使う。
＊2 醤油は、原材料にアルコールを使用していないハラル対応のものを使用する。
＊3 動物性原材料（牛肉、豚肉など）を使わずに製造されたハラル対応の「ビーフスタイルブイヨン」を使用する。

中華

＜つくり方＞

1. 仔羊の肩ロース肉をガラムマサラ、醤油15ml、サラダ油10mlで30分間マリネする。

2. フライパンに中火でサラダ油を熱し、溶き卵を入れる。半熟になったら取り出す。

3. ②のフライパンにサラダ油を強火で熱し、①の仔羊の肩ロース肉を入れる。表面に焼き色がつくまで強火で1分間炒める。

4. ③にタマネギ、ニンニク、ショウガを入れ、タマネギがしんなりするまで強火で3分間炒める。

5. ④に下茹でしたニンジンを加えて、軽く炒める。

6. ⑤にご飯を加え、パラパラになるまで、フライパンをあおりながらしっかりと炒める。

7. ⑥に②を入れ、ビーフスタイルブイヨン、塩、コショウを加えて、全体をなじませる。

8. ⑦に長ネギを加え、鍋肌に沿って醤油適量を注いで香ばしく仕上げる。器に盛る。

フルーツコンポート

ハラル対応 POINT

国産フルーツは海外でも高い評価を得ており、コンポートはそうした旬のフルーツの魅力を引き出せるデザート。風味と酸味を加えるため、シロップにワインを合わせることが多いが、ワインを使用できないぶん、ハーブを使って香りの要素をプラス。レモンの輪切りを煮て、火を止めてからレモン果汁を足すことで酸味も強調した。

✕ ハラム ワイン

＜材料＞（4人分）
水　400ml
砂糖　120g
シナモン、ローリエ＊1　各適量
レモン（輪切り）　2枚
レモン果汁　15ml
リンゴ（さいの目切り）1/2個分
グレープフルーツ（乱切り）
　1/2個分
カキ（さいの目切り）1/2個分
パイナップル（さいの目切り）
　1/8個分
ブドウ 紫・グリーン　各5個

ハラルCHECK！
＊1　ワインを加えて酸味や香りを足す代わりに、ハーブ類を使用する。

＜つくり方＞

1. 鍋に水、砂糖、シナモン、ローリエ、レモンを入れる。

2. ①を中火で熱する。

3. ②が沸騰したらレモン果汁を加え、ひと煮立ちさせる。

4. ③の火を止め、リンゴ、グレープフルーツ、カキ、パイナップル、ブドウ 紫・グリーンを加える。

5. ④の果物がシロップとなじんだら、ボウルに移して粗熱をとる。冷蔵庫で冷やして、器に盛りつける。

イチゴのムース仕立て

ハラル対応 POINT
豚の皮に由来するゼラチンを寒天で代用してムース仕立てにするが、ゼラチンは40℃超、寒天は90℃超と溶ける温度が異なる。そのため、あらかじめ寒天と水を合わせ、しっかりと煮溶かしておく必要がある。また、寒天は酸味の強い果物に合わせると固まりにくくなるため、生クリームを十分に泡立ててふわふわとした食感に仕上げた。

<材料>（4人分）
生クリーム　200ml
イチゴ　220g
水　100ml
粉寒天＊1　4g
レモン果汁　10ml
砂糖　100g
塩　少量
ミント　適量
イチゴ（薄切り）適量

ハラル CHECK！
＊1　ゼラチンの代わりに粉寒天を使用する。ゼラチンとは投入のタイミングや、固まり方が異なるので注意が必要。

ハラム　ゼラチン

<つくり方>

1. ボウルに生クリームを入れ、8分立てに泡立てる。

2. 縦に4等分にしたイチゴをミキサーにかけ、ピュレにする。

3. 鍋に水、粉寒天を入れて熱し、煮溶かす。②、レモン果汁、砂糖、塩を加えて弱火にかけ、沸騰したら火を止める。

4. ③を氷水にあてたボウルに移し、50℃まで冷ます。

5. ④に①を加える。

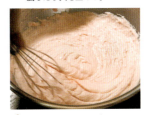

6. ⑤を泡立て器で混ぜ合わせる。

7. ⑥をバットに移し、冷蔵庫で30分間冷やす。

8. ⑦をスプーンですくって皿に盛り、ミントとイチゴ（薄切り）を飾る。

ナン生地のフォカッチャ

ヨーグルトとブルーベリーソース添え

ハラル対応 POINT
フォカッチャは生地にイーストを用いるので、ナン生地で代用。そこに添えるフルーツソースも既製品はリキュールやアルコールが使用されていることが多いため、フレッシュまたは冷凍の果物を使って手づくりする必要がある。今回は、ほんのりと甘みのあるナン生地で少量のチーズを包んでコクを出し、ハチミツをかけたヨーグルトとブルーベリーソースを添えて、ムスリムにもなじみやすいデザートに。

<材料>(4人分)

ブルーベリー　100g
水　50g
砂糖　50g
塩　少量
ナン生地　100g
ミックスチーズ　3g
ハチミツ　適量
ヨーグルト　適量
ミント　適量

ハラルCHECK!

＊1　ブルーベリーなどの既製のフルーツソースは、原材料にアルコール、ゲル化剤などが含まれていることが多いため、ハラル対応のものを使うか、自家製する。

 ブルーベリーソース＊1

<つくり方>

1. 鍋にブルーベリー、水、砂糖、塩を入れ、弱火で5分間熱する。

2. ブルーベリーの形が残りつつも、煮汁にとろみが出たら火を止め、粗熱をとる。

3. ナン生地※を丸め、打ち粉（分量外）をした台で平たくのばす。

4. ③の中央にミックスチーズを入れて包む。

5. ④のとじ目を下にして麺棒で厚さ5mmにのばす。

6. ⑤を円形の天板に広げ、350℃のオーブンで2分間焼く。

7. ⑥を皿に盛り、ハチミツをかけたヨーグルトと、ミントを飾った②をそれぞれ容器に入れて添える。

※103ページを参照

ハラルビジネスの「開けゴマ!」に —— あとがき

　最後までお読みいただき、ありがとうございます。みなさん、「ハラル」は少しもむずかしくないということがわかりましたよね? そして、ハラルフードはおいしく、しかも簡単につくれて、そのレシピの普及が大事だということも。

　ハラル対応メニューは、イスラム教やムスリムのことを正しく理解し、ハラルの基本さえ学べば、誰でも提供することができます。また、すでにおわかりのとおり、ハラルフードはけっして「ムスリム専用」ではなく、「誰が食べてもおいしい」ということが大事なのです。日本人の多くは、ハラルフードをムスリム専用のものと勘違いし、ハラル認証取得ありきでむずかしく考える傾向にあります。そうではなくて、もっと肩の力を抜いて考え、ハラルへの対応をしていただければと思います。

　ユネスコの無形文化遺産に登録された「和食」をつうじて、訪日ムスリムのみなさんをおもてなしできたら最高です。たくさんのムスリムが日本に来てくれる一方で、マレーシアやインドネシア、エジプト、チュニジアなど、世界中のムスリムの国でハラルの和食を気軽に食べられるようになってほしい——そんな思いで、今回、本書を出版させていただきました。

　出版にあたり、「東京ハラルデリ&カフェ」のモハマド・シャーミンさんをはじめ、一般社団法人ハラル・ジャパン協会の大竹啓裕、千葉弘樹、大友佑圭理、塩田秀樹の各理事にもご協力いただきました。ありがとうございます。

　この本がみなさんにとって、ハラルビジネスの「開けゴマ!」になることを願っています。(佐久間)

著者紹介

一般社団法人ハラル・ジャパン協会

2012年10月に設立し、会員制で運営。日本の企業に対して、ハラルビジネスの基本のレクチャーから、社員研修・調査・広報・販売促進、バイヤーの紹介までを行う。17年1月現在、一般会員150社、情報会員7000社・1万6000人が、当協会主催のセミナーや研修会等に参加し、輸出や海外進出、インバウンド対策の準備などをしている。国内外のハラル認証機関や幅広い海外ネットワークをもち、多くの企業のハラルビジネスのアドバイザーとして、これまで100件を超えるハラルビジネス導入コンサルティングや販路紹介などを実施。また、年間120回を超える企業研修・セミナー・講演を開催。自主事業として「ハラルビジネス講座」を毎月、開催・運営している。代表理事は佐久間朋宏。

◎東京都豊島区南池袋2-49-7 池袋パークビル1F
　TEL.03-4540-7564　http://halal.or.jp

▼佐久間 朋宏（さくま・ともひろ）

1964年岐阜県生まれ。岐阜県立斐太高等学校、国立岐阜大学工学部工業化学科卒業。(株)中広に入社し、常務取締役営業本部長、管理本部長などを歴任。独立後、2012年に海外展開（輸出・進出）支援・インバウンド事業（ハラルビジネス）を開始。非営利団体の一般社団法人ハラル・ジャパン協会を設立し、代表理事に就任。地域経済活性化のスペシャリストであり、マーケティングが専門で国内外に精通し、とくに販路拡大と広報PRを得意とする。

▼東京ハラルデリ＆カフェ（レシピ提供）

2016年9月、東京・四谷の上智大学内にオープンしたハラルフード専門の食堂。代表兼シェフは、モハマド・シャーミン。宗教法人日本イスラーム文化センターによるハラル認証を取得し、学生・教職員の国籍・文化・宗教などの多様化に対応するための施策の一環として、食事に制約のあるムスリムの学生・教職員向けに営業している。現在、和食メニューから、タンドリー窯で焼き上げたナンとカレーなど、幅広い商品を提供。

◎上智大学四谷キャンパス：東京都千代田区紀尾井町7-1

レシピ30付
飲食店のための ハラル対策 ハンドブック

初版印刷	2017年2月10日
初版発行	2017年2月25日

著者Ⓒ　一般社団法人ハラル・ジャパン協会
発行者　土肥大介
発行所　株式会社柴田書店
　　　　東京都文京区湯島 3-26-9 イヤサカビル
　　　　03-5816-8282（注文・問合せ）
　　　　03-5816-8260（書籍部）
　　　　http://www.shibatashoten.co.jp
印刷・製本　シナノ書籍印刷株式会社

本書掲載内容の無断掲載・複写（コピー）・引用・データ配信等の行為は固く禁じます。
乱丁・落丁本はお取替えします。

ISBN 978-4-388-06260-7
Printed in JAPAN